Viktor Schultze

Die Katakomben von San Gennaro Dei Poveri in Neapel

Eine kunsthistorische Studie

Viktor Schultze

Die Katakomben von San Gennaro Dei Poveri in Neapel
Eine kunsthistorische Studie

ISBN/EAN: 9783743410756

Hergestellt in Europa, USA, Kanada, Australien, Japan

Cover: Foto ©Thomas Meinert / pixelio.de

Manufactured and distributed by brebook publishing software (www.brebook.com)

Viktor Schultze

Die Katakomben von San Gennaro Dei Poveri in Neapel

Die Katakomben

von

San Gennaro dei Poveri i[n Neapel]

Eine kunsthistorische St[udie]

von

Victor Schultze.

Mit 10 lithographirten Tafe[ln]

Jena,
Hermann Costeno[ble]
1877.

Verlag von Hermann Costenoble in Jena.

Die Entstehung der Civilisation
und der
Urzustand des Menschengeschlechts,
erläutert
durch das innere und äußere Leben der Wilden.
Von
Sir John Lubbock.
Autorisirte Ausgabe für Deutschland.
Nach der dritten vermehrten Auflage aus dem Englischen
von
A. Passow.
Mit Einleitung von Dr. Rudolf Virchow.
Mit 20 Illustrationen in Holzschnitt und 6 lith. Tafeln. gr. 8. Eleg. Ausstattung. broch. 12 Mark.

Die vorgeschichtliche Zeit.
Erläutert durch
die Ueberreste des Alterthums
und
die Sitten und Gebräuche der jetzigen Wilden.
Von
Sir John Lubbock.
Autorisirte Ausgabe für Deutschland.
Nach der dritten Auflage aus dem Englischen
von
A. Passow.
Mit Einleitung von Professor Dr. Rudolf Virchow.
2 Bde. Mit 228 Illustrationen in Holzschnitt und 4 lithographirten Tafeln in Farbendruck. gr. 8. Eleganteste Ausstattung. broch. 17 Mark.

Die Anfänge der Cultur.
Geschichtliche und archäologische Studien
von
François Lenormant.
Autorisirte, vom Verfasser revidirte und verbesserte Ausgabe.
2 Bände. 8. eleg. broch.
I. Band: **Vorgeschichtliche Archäologie. Egypten.**
II. Band: **Chaldäa und Assyrien. Phönizien.**
Preis für beide Bände 12 Mark.

Das Gastmahl des Trimalchio.

Ein Cultur- und Sittengemälde aus der Zeit des Kaisers Nero.

Nach den Satiren des Petronius
von
Heinrich Merkens.
gr. 8. broch. 1 Mark 80 Pf.

Das „Gastmahl des Trimalchio" bildet den wesentlichsten Theil des Sittenromans, welcher unter dem Namen des T. Petronius Arbiter (des berüchtigten Ceremonienmeisters am Hofe des Nero) auf uns gekommen. Diese Beschreibung einer Gasterei, welche ein reicher ungebildeter Emporkömmling giebt, ist nicht nur hochwichtig für die Geschichte der Sitten, namentlich in Bezug auf die mittleren Schichten der römisch-cäsarischen Gesellschaft, sondern auch in seiner Art ein Kunstwerk voll von Geist, feinster Menschenkenntniss, überlegenem Witz und heiterem Humor.

Unter den Tropen.

Wanderungen durch Venezuela, am Orinoco, durch Britisch-Guyana und am Amazonenstrom in den Jahren 1849—1868.

Von
Carl Ferdinand Appun.

2 Bde. Mit 12 vom Verfasser nach der Natur aufgenommenen Illustrationen in Holzschnitt und 2 Tafeln indianischer Bilderschriften. Lex.-8. Eleganteste Ausstattung broch. à Bd. 15 Mark, eleg. geb. à Bd. 17 Mark 25 Pf.

Geographische und Ethnologische Bilder.

Von
Dr. Adolf Bastian.
Ein starker Band. gr. 8. eleg. broch. 13 Mark.

Die deutsche Expedition

an der
Loango-Küste Afrika's,

nebst älteren Nachrichten über die zu erforschenden Länder.
Nach persönlichen Erlebnissen
von
Adolf Bastian.

2 Bde. gr. 8. Mit 3 lithogr. Tafeln und 1 Karte. Eleganteste Ausstattung broch. 19 Mark, eleg. geb. 23 Mark.

Inhalt: I. Band. Persönliche Erlebnisse. — Das Küstenland. — Sitten und Gebräuche. — Politische Verhältnisse. — Angoy. — Kakongo. — Loango. — Der Mussorongho. — Die Völker des Innern. — Anhang. 10 Mark. In eleg. Lwbd. 12 Mark. II. Band. Bomma am Zaire. — Kongo. — Der Fetischdienst. — Das Sprachliche. — Anhang. 9 Mark. In eleg. Lwbd. 11 Mark.

Die Völker des östlichen Asien.
Studien und Reisen
von
Dr. Adolf Bastian.
III.—VI. Bd. gr. 8.

III. Bd.: **Reisen in Siam im Jahre 1863.** Mit einer Karte Hinterindiens von Professor Dr. Kiepert. broch. 11 Mark.
IV. Bd.: **Reise durch Kambodja nach Cochinchina.** broch. 9 Mark.
V. Bd.: **Reisen im Indischen Archipel,** Singapore, Batavia, Manilla und Japan. broch. 10 Mark.
VI. Bd.: **Reisen in China von Peking zur mongolischen Grenze und Rückkehr nach Europa.** broch. 15 Mark.

(Bd. I. u. II. erschienen im Verlage von Otto Wigand in Leipzig.)

Ethnologische Forschungen
nebst Sammlung von Material für dieselben
von
Dr. Adolf Bastian.
2 Bde. gr. 8. broch. 21 Mark.

Die Alpen in Natur- und Lebensbildern.
Von
H. A. Berlepsch.
Mit 22 Illustrationen und einem Titelbilde in Tondruck nach Originalzeichnungen
von
Emil Rittmeyer.
Vierte, sehr vermehrte und verbesserte Auflage.
Pracht-Ausgabe.
Lex.-8. broch. 9 Mark. Eleg. geb. 11 Mark 25 Pf.

Die Alpen in Natur- und Lebensbildern.
Von
H. A. Berlepsch.
Taschen-Ausgabe für den Reisegebrauch.
Mit 6 Illustrationen. Dritte Auflage. 8. broch. 2 Mark 70 Pf. Eleg. geb. mit Golddrucktitel 3 Mark.

Neue Reisen
durch die Vereinigten Staaten, Mexiko, Ecuador, Westindien und Venezuela.
Von
Friedrich Gerstäcker.
Zweite Auflage.

Inhalt: I. Band. Nordamerika. — II. Band. Mexiko, der Isthmus und Westindien. — III. Band Venezuela.
6 Theile in 3 Bänden. 8. broch. 12 Mark.

Märchen und Sagen
der nordamerikanischen Indianer
von
Karl Knortz,
Professor an der Hochschule zu Oshkosh in Wisconsin.
8. broch. 5 Mark.

Neue Missionsreisen in Süd-Afrika,
unternommen im Auftrage der englischen Regierung.
Forschungen am Zambesi und seinen Nebenflüssen,
nebst Entdeckung der Seen Schirwa und Nyassa in den Jahren 1858—1864.
Von
David und Charles Livingstone.
Autorisirte vollständige deutsche Ausgabe.
Aus dem Englischen von J. E. A. Martin.
Mit 40 Illustrationen in Holzschnitt und 1 Karte. 2 Bde. 17 Mark 25 Pf.
Zweite Auflage. Wohlfeile Volksausgabe.
Zwei Abtheilungen in einem Bande.
(Bibliothek geogr. Reisen und Entdeckungen. VIII. Bd.)
gr. 8. Eleg. broch. 8 Mark, eleg. geb. in Leinwd. 10 Mark.

Reisen in Central-Amerika.
Von
Arthur Morelet.
In deutscher Bearbeitung von Dr. Heinrich Hertz.
Mit eingedruckten Holzschnitten und 7 Illustrationen in Tondruck, nebst 1 Karte.
10 Mark 80 Pf.
Zweite Auflage. Wohlfeile Volksausgabe.
(Bibliothek geogr. Reisen und Entdeckungen. X. Bd.)
gr. 8. Eleg. broch. 8 Mark, eleg. geb. 10 Mark.

Unter den Patagoniern.
Wanderungen auf unbetretenem Boden von der Magalhaes-Straße bis zum Rio Negro.
Von
George Chaworth Musters.
Autorisirte vollständige deutsche Ausgabe.
Aus dem Englischen von J. E. A. Martin.
gr. 8. Mit 9 Illustrationen und 2 Karten, eleg. broch. 11 Mark 25 Pf., eleg. geb. 13 Mark 25 Pf.

Reisen in der Mongolei,
im
Gebiet der Tanguten
und
den Wüsten Nordtibets
in den Jahren 1870—1873
von
N. von Prschewalski.
Autorisirte Ausgabe für Deutschland.
Aus dem Russischen von **Albin Kohn**.
Mit 22 Illustrationen und 1 großen Karte. gr. 8. broch. 12 Mark, eleg. geb. 14 Mark.

Ein durch die orientalische Frage höchst wichtiges Werk von großer Bedeutung. Dem Verfasser wurde für diese Arbeit die große goldene Medaille von der geographischen Gesellschaft in Paris zuerkannt.

Reisen in Indien und Hochasien.
Basirt auf die Resultate der wissenschaftlichen Mission
von
Hermann, Adolf und Robert von Schlagintweit,
ausgeführt in den Jahren 1854—1858
im Auftrage der ostindischen Regierung.
Von
Hermann von Schlagintweit-Sakünlünski.

I. Bd.: **Indien.** Mit 2 Karten und 9 großen Tondruckbildern. Lex.-8. Eleg. broch. 14 Mark 40 Pf., eleg. geb. 16 Mark 65 Pf.

II. Bd.: **Hochasien I.** Mit 7 großen Buntdruckbildern und 3 Tafeln topographischer Gebirgsprofile. Lex. 8. Eleg. broch. 16 Mark, eleg. geb. 18 Mark 25 Pf.

III. Bd.: **Hochasien II.** Mit 5 großen Tondruckbildern, 3 Tafeln topographischer Gebirgsprofile und 1 Karte. Eleg. broch. 13 Mark, eleg. geb. 15 Mark 25 Pf.

(IV. Bd.: **Schluß des Werkes**, befindet sich unter der Presse.)

Reise
nach der
hohen Tatarei, Yarkand und Kâshghar
und
Rückreise über den Karakorum-Paß.
Von
Robert Shaw.
Autorisirte vollständige Ausgabe für Deutschland.
Aus dem Englischen von P. F. A. Martin.
Mit 10 Holzschnitten und 4 großen Farbendruckbildern. 11 Mark.

Zweite Auflage. Wohlfeile Volksausgabe.
(Bibliothek geogr. Reisen und Entdeckungen. IX. Bd.)
gr. 8. Eleg. broch. 8 Mark, eleg. geb. 10 Mark.

Die Erde,
ihr Bau und organisches Leben.
Versuch einer Physiologie des Erdkörpers.
Nach den zuverlässigsten Forschungen dargestellt für Gebildete aller Stände

von

Prof. Friedrich Körner.

2 Bde. 8. broch. 10 Mark, in eleg. Lwb. geb. 11 Mark 50 Pf.
Auch in 10 Lieferungen à 1 Mark.

Die Luft,
ihr Wesen, Leben und Wirken
mit Beziehung auf die geographische Verbreitung der Pflanzen, Thiere und Menschenrassen.
Auf Grundlage der zuverlässigsten Forschungen.

Von

Prof. Friedrich Körner.
Ergänzungsband
zu
„Die Erde, ihr Bau und organisches Leben".
gr. 8. broch. 4 Mark, eleg. geb. 5 Mark 50 Pf.

Ursprung und Metamorphosen
der
Insekten.
Von
Sir John Lubbock.
Einzig autorisirte Ausgabe für Deutschland.
Nach der zweiten Auflage aus dem Englischen

von

W. Schloesser.

8. Mit 63 in den Text gedruckten Illustrationen und 6 Tafeln.
eleg. broch. Preis 2 Mark 50 Pf.

Die Katakomben

von

San Gennaro dei Poveri in Neapel.

Die Katakomben

von

San Gennaro dei Poveri in Neapel.

Eine kunsthistorische Studie

von

Victor Schultze.

Mit 10 lithographirten Tafeln.

Jena,
Hermann Costenoble.
1877.

Vorwort.

Die glänzenden Resultate der römischen Ausgrabungen haben die Katakombenforschung zu einer Bedeutung erhoben, deren Tragweite, über das Gebiet der Kunstforschung und Archäologie hinausgehend, bis an das innerste Mark brennender theologischer Fragen heranreicht. Zur Schöpfung einer monumentalen Theologie sind freilich bis jetzt kaum nennenswerthe Versuche gemacht, und das reiche Material ist noch wenig geordnet; aber schon ein flüchtiger Gang durch die weitverzweigten Coemeterien Rom's, eine oberflächliche Musterung der Fülle von Denkmälern, welche die an de Rossi's Namen für immer geknüpfte Forschung der Gegenwart zu Tage gefördert hat, setzen es klar, dass die Dogmen- wie die Kirchengeschichte aus dem reichen Schatze dieser neuen Disciplin, wenn die Entwicklung derselben einmal weiter gefördert sein wird, in mehr als einem Punkte Berichtigung und Ergänzung zu entnehmen haben werden.

So lange indess die monumentale Theologie
und die christliche Alterthumskunde aus dem Material
des unterirdischen Rom's allein sich auferbauen,
kann weder die eine noch die andere Wissenschaft
ihre Aufgabe in genügender Weise erfüllen,
sondern erst dann, wenn auch die noch erhaltenen
Coemeterien anderer Gemeinden und das in ihnen
zum Ausdrucke gelangte Glaubens- und Sittenleben
der alten Kirche zu vergleichender Zusammenstellung
herangezogen werden. Die Erreichung
dieses Zweckes zu erleichtern, ist die nachstehende
kleine Schrift bestimmt, welche aus der Zahl der
so sehr vernachlässigten Coemeterien Unteritalien's
das ohne Zweifel wichtigste und interessanteste,
die Katakomben von San Gennaro dei Poveri in
Neapel, behandelt [1]. Die erste ausführliche Darstellung
derselben — zugleich bis jetzt die einzige
deutsche, — welche Bellermann in seiner
Schrift „Ueber die ältesten christlichen Begräbnissstätten" [2]
giebt, hat dem gegenwärtigen Stande der
Katakombenforschung gegenüber nur noch einen
untergeordneten Werth und ist auch unvollständig,
da die seit dem Jahre 1838 eröffneten Theile der
Katakomben in ihr nicht verzeichnet sind. Die dem
Werke beigefügten Abbildungen ferner entsprechen

---

[1] Die weniger bedeutenden Katakomben der Kirchen Maria della
Sanità und S. Severo in Neapel, die dem Ausgange des vierten Jahrhunderts
angehören, sind einer späteren Bearbeitung vorbehalten.

[2] Chr. Fr. Bellermann, Ueber die ältesten christl. Begräbnissstätten
und besonders die Katakomben zu Neapel. Hamburg 1839.

nur selten den Originalen. Auf italienischer Seite ist neben dem unkritischen und kurzgefassten Tractate Pelliccia's [1]), der noch dem vorigen Jahrhundert angehört, die fleissige, aber zu populär gehaltene Abhandlung des Canonicus de Jorio [2]) und die neuere Denkschrift Scherillo's [3]) zu nennen, in welcher letzterer der erste Versuch einer kritischen Darstellung dieser Coemeterien gemacht worden ist. Die Resultate freilich der Untersuchungen des Verfassers fordern überall zum Widerspruche heraus. Auch Garrucci und Sanlazaro [4]) haben einige treffliche, aber nur flüchtige Notizen über die Katakomben von San Gennaro gegeben Somit wird eine neue Darstellung derselben keiner weiteren Rechtfertigung bedürfen.

Mit welchen Schwierigkeiten die Behandlung eines in alter und neuer Zeit gänzlich vernachlässigten Monumentes verknüpft ist, wird der Inhalt dieser kleinen Schrift am besten zeigen. Die mühevolle Arbeit, welche ihr der Verfasser gern gewidmet hat, würde derselbe reichlich belohnt

---

[1]) Al. Aurel. Pelliccia, De coemeterio s. Catacumba Neapolit., Napoli 1781 (Tom. III pars II der grösseren Schrift „de christianae eccl. politia.")

[2]) Andrea de Jorio, Guida per le Catacombe di S. Gennaro dei Poveri, Napoli 1839.

[3]) Giov. Scherillo, Esame speciale delle Catacombe a S. Gennaro dei Poveri, memoria letta all'Accademia di archeologia, letteratura e belle arti, Napoli 1870.

[4]) Ersterer in seinem grossartigen Werke „Storia dell' arte cristiana" Prato 1873, Vol. secondo, parte prima von Seite 102 an, wo die Abbildungen der Malereien der neapolitanischen Katakomben beginnen. — Letzterer in den „Studii sui Monumenti dell' Italia Meridionale dal IV al XIII secolo", Napoli 1871, Fasc. I Seite 5.

schen, wenn es ihm gelingen sollte, dieses hochwichtige Denkmal altchristlicher Kunst und altchristlichen Lebens der Kenntniss und dem Interesse eines grösseren Kreises näher zu führen.

Neapel, im December 1876.

V. Schultze.

Inhaltsübersicht.

Erstes Kapitel.

Seite

Die Anfänge des Christenthums in Neapel. Geschichte der Katakomben 1

Zweites Kapitel.

Lage der Katakomben. Die erste Katakombe. Die Vorräume. Die Gallerieen. Form der Gräber. Regelmässigkeit der Anlage. Verhältniss der einzelnen Theile zu einander. Gräber für Arme und Reiche. Bestimmung der grösseren Räume. Die Malereien. Der gute Hirte Jonas. Lazarus. Moses. Himmelfahrt. Bergpredigt. Genien. Daniel. Agapefeier. Die Priapussäule . . 10

Drittes Kapitel.

Die zweite Katakombe. Der Vorsaal. Bild eines Pferdes. Deckengemälde des Vorsaals. Adam und Eva. Die thurmbauenden Jungfrauen. Daniel. Der gute Hirte. Der Bock mit dem Thyrsusstabe. Das Seitencubiculum. Dipinti. Bestimmung des Cubiculums. Das grosse Ambulacrum. Die Basilica Paul's II. Gemälde. Sepolcro dei Sacerdoti. Die übrigen Abtheilungen des Ambulacrums. Die Bauperioden. Die Malereien. Grab der Vitalia, des Laurentius, des Proculus, des Eleusinius, der Cominia. Bilder der Apostel Paulus und Petrus. Grab der Familie des Theotecnus. Grab mit dem Monogramme Christi. Alter dieser Bilder . . . 29

Viertes Kapitel.

Die dritte und die vierte Katakombe 47

Fünftes Kapitel.

Alter der Coemeterien von San Gennaro dei Poveri. Inschriften. Bilder. Die Katakombe des hl. Agrippinus. Der Name „ecclesia S. Januarii et Agrippini Confessoris". Petrus Subdiaconus. Der Bericht Celano's. Die Sage von dem unterirdischen Katakombennetz 49

Sechstes Kapitel.

Der christliche Ursprung der Katakomben. Der heidnische Charakter der Malereien. Die Hypothese Scherillo's. Die Ansicht Bellermann's. Abscheu der Christen gegen heidnische Begräbnissplätze. Pietät des Heidenthums gegen seine Todten. Der Synkretismus des 4. Jahrhunderts. 59

Siebentes Kapitel.

Verhältniss der altchristlichen Kunst zur heidnischen. Der Einfluss des Heidenchristenthums auf die Kunstentwicklung in der Kirche. Synkretismus in der carthagischen Gemeinde. Verhältniss der Gemeinde von Neapel zu der heidnischen Bevölkerung. Das Kunstleben in Neapel. Theilnahme der christlichen Bevölkerung an demselben. Die römische Gemeinde 68

Erstes Kapitel.
Aelteste Spuren des Christenthums in Neapel. Geschichte der Katakomben.

Bei dem Dichter Petronius schärft der Geck Eumolpus seinen Erbtheilern nachdrucksvoll ein: „alle, die in meinem Testamente mit Legaten bedacht sind, erhalten dieselben — mit Ausnahme meiner Freigelassenen — erst dann, wenn sie meinen Leichnam in Stücke zerschnitten und vor allem Volke aufgegessen haben"[1]). Diese unzweideutige Anspielung auf die christliche Abendmahlsfeier, deren Form und Bedeutung auf heidnischer Seite so vielfachen Missverständnissen und Verläumdungen unterlag[2]), weist zuerst und flüchtig auf die Existenz einer christlichen Gemeinde in Neapel hin. Auch desselben Dichters bittere Klage über die in seiner Vaterstadt immer mehr sich breit machende Gleichgültigkeit gegen den Dienst der Götter[3]) ist ein indirectes Zeugniss dafür, dass in Neapel schon zur Zeit Nero's die Macht der olympischen Götter-

---

[1]) „Omnes, qui in testamento meo legata habent, praeter libertos meos, hac conditione percipient, quae dedi, si corpus meum in partes conciderint et adstante populo comederint." Petron. Satyr. 141.

[2]) Die Vertheidigung gegen den Vorwurf „thyestischer Mahlzeiten", den das Heidenthum unverständig oder böswillig erhob, bildete in der altchristlichen Apologetik einen feststehenden Paragraphen, was auf die Heftigkeit und Allgemeinheit des gegnerischen Angriffs zurückschliessen lässt. Vergl. u. a. Athenagoras, Supplic. pro Christ. c. 3; Tatian, Oratio ad Graecos; Theophilus, Ad Autolycum lib. III c. 5. Minut. Felix cc. 9; 28; Tertull., Apolog. c. 7.

[3]) a. a. O. c. 44.

welt unter dem Wehen eines neuen Geistes zu wanken begonnen hatte. Die religiöse Blasirtheit, welche, das Jahrhundert charakterisirend, nach Italien einen grossartigen Import fremdländischer Idole und geheimnissvoller Culte eröffnete, hatte auch hier aus altcampanischen, griechischen, römischen und asiatischen Göttern und Göttinnen eine buntfarbige Schaar gesammelt, von deren Statuen Tempel, Hallen und öffentliche Plätze voll waren, so dass das Witzwort ging, in Neapel könne man eher einen Gott als einen Menschen antreffen. In diesem Suchen und Haschen aber nach neuen Religionsformen, das einen in der Weltgeschichte beispiellosen Synkretismus schuf, reichte das Heidenthum dem Christenthume unbewusst die Hand und lud es ein, wenn auch vorerst in der Rolle eines Saul unter den Propheten, in Concurrenz mit eigennützigen, verworfenen Priestergenossenschaften den matten, unbefriedigten Herzen seine Heilmittel — junges Leben und neue Kräfte zuzuführen. Wenn schon zur Zeit der Romfahrt des Apostels Paulus das nahe Puteoli, dessen Bewohner, nach dem Zeugnisse der heute noch emporragenden Marmorsäulen des Serapistempels, in Aegypten den ersehnten Heilgott gefunden und an ihr Gestade berufen hatten, eine kleine christliche Gemeinde besass (Apostelgesch. 28, 13, 14), so ist ein Gleiches mit Sicherheit von Neapel vorauszusetzen, wo glanzvolle, mit den berühmtesten griechischen Spielen wetteifernde Jahresfeste, reiche Kunstsammlungen, geachtete Philosophenschulen und eine unvergleichlich schöne Natur mit Italien und dem Auslande, besonders mit dem benachbarten, stammverwandten Griechenlande ein reges Verkehrsleben veranlassten und unterhielten. Aber die Geschichte der Gründung dieser Gemeinde, ihre Anfänge und ersten Schicksale liegen verborgen. Sie tritt wie die meisten Gemeinden der ersten Jahrhunderte als eine vollendete Thatsache vor uns hin, über deren Voraussetzungen und einleitende Umstände nur Vermuthungen gestattet sind. Zwar hat die neapolitanische Kirche in späterer

Zeit die rühmende Behauptung erhoben, eine Pflanzung des Apostels Petrus zu sein, aber erst im 11. oder 12. Jahrhundert hat diese Behauptung, nach kurz vorausgegangenen schüchternen Versuchen, sich zur Geltung zu bringen, in abgeschlossener Legendenform in der neapolitanischen Kirchenchronik Eingang gefunden [1]). Das beneidete Glück der unansehnlichen Nachbarstadt, einst Paulus beherbergt zu haben, legte es nahe, der Romreise des Apostels Petrus eine ähnliche Unterbrechung und einen Aufenthalt in Neapel einzufügen, ein Verfahren, dem die damals schon genug erprobte Elasticität der Petruslegenden nicht nur keine Schwierigkeiten, sondern Anknüpfungspunkte genug bot.

Kaum mehr historischen Werth als diese Legende haben die chronikartigen Aufzeichnungen des **Johannes Diaconus** [2]), der gegen das Ende des 9. Jahrhunderts schrieb. Die lückenhaften, dürftigen Mittheilungen des Verfassers über die ersten Bischöfe der neapolitanischen Kirche, deren Namen kaum mehr als ein in verschiedenen Variationen wiederholtes Lob beigefügt wird, erweisen zur Genüge die Verlegenheit der Kirchengeschichtschreibung jener Zeit, wo es sich um die Gründung und ersten Schicksale des Christenthums in Neapel handelte.

So wären denn der Spott und die Klage des heidnischen Dichters die einzigen Stimmen, welche im ersten Jahrhundert die Existenz einer christlichen Gemeinde in Neapel bezeugten, wenn nicht diese selbst sich ein lautredendes Denkmal gesetzt hätte, das mächtiger zeugend

---

[1]) In der „Vita S. Asprenatis primi Episcopi Neapolitani", von einem unbekannten Verfasser des 11. oder 12. Jahrh., 1525 in Neapel zuerst gedruckt. „Die Vita S. Athanasii Episcopi Neapol. auctore anonimo" (Bolland. 15. Juli) erweist sich trotz der gegentheiligen Andeutungen des Verfassers und der beredten Vertheidigung Scherillo's (Della venuta di S. Pietro Apostolo nella città di Napoli, libri cinque, Napoli 1859) als ein ungeschicktes, an historischen Verstössen reiches Machwerk des 12. oder 13. Jahrhunderts.

[2]) **Johannes Diaconus**, Chron. Episcop. S. Neap. Eccl. bei Muratori, Rer. Ital. Script. Tom. I, pars II. —

als Schrift und Tradition, die Jahrhunderte überdauert hat. wenn auch nicht ungeschädigt durch den Einfluss der Zeit und die neuerungssüchtige, kunstlose Hand späterer Generationen: die Katakomben von San Gennaro dei Poveri. Sie sind das Monument, auf welchem der Name der Urgemeinde von Neapel verzeichnet steht. Aus diesen unterirdischen Begräbnissstätten, die unsere Phantasie nur mit ernsten, trauernden Gestalten bevölkern kann, steigt das Bild einer blühenden, lebensfreudigen Gemeinde vor uns auf. die den Träumereien eines Tertullian von der Stellung des Christen zu der Welt ebenso fern stand wie dem im Alterthume doppelt schweren Vorwurfe der Gegner, „eine schlupfwinklige, lichtscheue Nation, stumm im öffentlichen Leben, geschwätzig in den Winkeln" [1]) zu sein.

Die ersten Jahrhunderte haben uns keine Kunde über die Katakomben hinterlassen, und als im 6. Jahrhundert ihr Name zuerst genannt wird, geschieht es in einer an Wundern und Widersprüchen gleich reichen Märtyrerlegende, welche zugleich — hierin bestimmend für die späteren Zeiten — das Interesse von dem Ganzen hinweg auf einen kleinen Nebenraum, die sogenannte „Basilica (od. Oratorio) di S. Gennaro" concentrirt. Die Akten des hl. Januarius [2]), des gefeierten Schutzpatrons von Neapel. der als Bischof von Benevent — nach der gewöhnlichen Annahme im Jahre 305 — im Amphitheater von Pozzuoli

---

[1]) Min. Felix c. 8 bei Keim, Celsus' wahres Wort S. 162.

[2]) Die 3 ursprünglichsten Berichte, von denen sich zahlreiche andere abgezweigt, sind wohl die Acta Vaticana in lateinischer und griechischer Sprache, zuerst von Baronius veröffentlicht, die Acta Bononiensia, im vorigen Jahrh. im Kloster S. Stefano in Bologna gefunden, und die Acta Puteolana aus dem Archiv der Kirche von Pozzuoli, von den Bollandisten zuerst mitgetheilt. Das Verhältniss dieser 3 Grundquellen, die voller Widersprüche sind, zu einander ist äusserst schwierig zu bestimmen. Scherillo, der in einem diese Frage behandelnden Werke in der Kunst der Harmonistik alles Mögliche und Unmögliche geleistet hat, kommt zu dem Resultate, dass der griechische Text der Vaticana die älteste Quelle sei. Vrgl. Giov. Scherillo, Gli Atti del Martirio di San Gennaro e Compagni dopo la celebre controversia tra i Bollandisti ed il Mazocchi, Napoli 1874.

mit sechs Genossen den Märtyrertod erlitt, erwähnen zuerst, dass die Neapolitaner, nachdem sie im Drange der Umstände den Leichnam des Bischofs, ihres Mitbürgers, in der der Richtstätte nahegelegenen Villa Marciana geborgen, denselben später „quieto jam tempore" in feierlichem Zuge nach Neapel geführt und in der Nähe der Stadt in der Basilica, „wo er jetzt ruht", beigesetzt hätten ¹). Johannes Diaconus, der im Auftrage des Bischofs Stephanus III. sein Chronicon abfasste, schreibt diese Translation von dem ager Marcianus dem Bischofe Johannes I. zu ²), der gegen die Mitte des 5. Jahrhunderts lebte, und stellt sich dadurch in Widerspruch mit dem Biographen des hl. Severus, der von letzterem, welcher am Anfange des 4. Jahrhunderts der neapolitanischen Kirche vorstand, dasselbe berichtet ³). Diese Differenz dadurch auszugleichen, dass man beiden Bischöfen besondere Bemühungen und Verdienste um die Gründung und Ausbreitung des Cultus des Heiligen durch Ausschmückung seines Grabes, nicht aber die Beisetzung in der Basilica selbst, die einer früheren Zeit angehören soll, vindicirt, ist durch die klaren, unzweideutigen Worte der beiden Berichterstatter entschieden ausgeschlossen. Der Widerspruch ist einfach anzuerkennen. Ueberhaupt ist die Geschichte des hl. Januarius, sowohl die seines Märtyrerthums als auch die seiner Gebeine durch eine Wolke von Wundern und Widersprüchen so verwirrt geworden, dass es schwerlich je gelingen wird, den geschichtlichen Kern des Lebens dieses Bischofs aus der Hülle

---

¹) „Postea vero, quieto jam tempore, venerabiles Episcopi una cum omnibus ex genere beatissimi Martyris Januarii cum plebe Dei sancta, cum hymnis et laudibus corpus ejus tollentes, juxta Neapolim transtulerunt et posuerunt in Basilica, ubi nunc requiescit". (Acta Vatic. § XIII; Bonon. § X).

²) „Post triduum autem (nach seinem Tode) deposito corpore neophytorum pompa prosequente, in eo oratorio, ubi manu sua dicitur condidisse beatissimum martyrem Januarium a Marciano sublatum, et ipse parte dextra humatus requievit." (Joh. Diac. in Joh. I.).

³) „Nam et corpus beati Januarii Sacerdotis et Martyris ipse condidit manibus suis in ecclesia foris porta hujus civitatis." (Bolland. ad 30. April.)

frommer Sage herauszuschälen, und der Historiker kaum mehr als mit der Thatsache seines Zeugentodes und seiner ungefähr im 5. Jahrhundert anhebenden Verehrung wird rechnen dürfen. Auch haben ja die Schicksale des todten Heiligen für die Geschichte der Katakomben insofern eine nebensächliche Bedeutung, als der Schauplatz derselben ein ursprünglich kleiner unansehnlicher Raum der Coemeterien ist, welcher erst einer der altchristlichen Zeit ferner liegenden Periode seine jetzige Ausdehnung verdankt.

Wichtiger ist die Mittheilung des Chronisten, dass Paul II., der von dem damaligen Papste Paul I. zum Nachfolger des 759 gestorbenen neapolitanischen Bischofs Calvus geweiht, aber von dem griechischen Kaiser Konstantin Kopronymos, den der Bilderstreit mit dem römischen Pontifex entzweit hatte, nicht anerkannt worden war, fast zwei Jahre ausserhalb der Stadt in der Kirche des hl. Januarius zubrachte [1]), weil seine Mitbürger es nicht wagten, ihn in die Stadt aufzunehmen. „Sie (die Bürger)", heisst es, „sandten ihn in die nicht weit von der Stadt entfernte Kirche des hl. Januarius, des Märtyrers Christi. In derselben fast zwei Jahre verweilend, nahm er mehrere Bauten vor. Unter andern stellte er ein Triclinium her, das, wenn man hereintritt, rechter Hand ist. Ebendaselbst liess er auch ein marmornes Taufbecken anfertigen, in welchem er in der Osterzeit und an andern Festtagen die Kinder Aller derer, die sich dort einfanden, zu taufen pflegte" [2]). Das Triclinium lässt sich, wie später

---

[1]) Auch von dem Papste Bonifacius I. berichtet der Liber Pontificalis, dass er sich in der Katakombe der hl. Felicitas versteckt gehalten habe, d. h. natürlich, an einem Orte in der Nähe derselben.

[2]) Joh. Diac. Chron. in Paul. II.: „Eum ad ecclesiam sancti Januarii Christi martiris, non longius ab urbe dicatam transmiserunt. In qua duos ferme annos degens, plura construxit aedificia. Inter quae fecit triclinium, quod est euntibus a parte dextera... Construxit etiam ibidem marmoreum baptismatis fontem, in quo Paschalibus aliisque festis omnes accurrentes suos baptizabat filios." Wenn die Worte des Johannes Diaconus sagen, dass die genannten Bauten in der Kirche vorgenommen wurden, während doch die Katakomben der Ort der-

gezeigt wird, mit Gewissheit, der Ort, wo die Taufen vollzogen wurden, mit ziemlicher Wahrscheinlichkeit noch nachweisen. Die übrigen baulichen Veränderungen, welche Paul II. in den Katakomben vornahm, sind im Einzelnen nicht mehr zu bestimmen. Wie aber die Erinnerung die Pietät des Menschen immer leicht an die Stätten knüpft, die ihn in seinem Missgeschicke und Elende sahen, so hat der einst von seiner Gemeinde verbannte Bischof gewiss auch später in liebender Sorgfalt der verlassenen Grabstätten vor der Stadt gedacht, und eine Reihe von Bildern, die den Charakter des 8. Jahrhunderts tragen, sind wohl sein Werk. Und als er selbst starb, begruben ihn seine Mitbürger — hierin ohne Zweifel nur Vollstrecker seines eigenen Willens — in der Kapelle des hl. Januarius, der er im Leben so sehr seine Aufmerksamkeit und Thätigkeit zugewendet hatte.

Aber diese Blüthezeit, welche die Katakomben aus der Vergessenheit und dem Verfalle heraushob, war nur von kurzer Dauer. Im Jahre 821 bestürmte der leidenschaftliche, kriegerische Herzog Sico von Benevent die Stadt und warf sie nieder. Den harten Bedingungen, welche er den Besiegten auferlegte, hatte er den Raub des Leichnams ihres Schutzpatrons hinzugefügt, nach seiner und seiner Landsleute Auffassung freilich nur den gerechten Anspruch zur Geltung bringend, den die Beneventiner auf den Leichnam des Märtyrers, der zwar in Neapel geboren, aber ihr Bischof gewesen war, immer erhoben hatten. So zog denn der Heilige wieder in die Stadt ein, aus welcher die Wuth des Heidenthums ihn zum Tode geführt hatte, umringt von den Schaaren der Cleriker und der jubelnden Volksmenge, die nicht aufhörte, darüber zu frohlocken, „dass sie ihren Vater wieder hätten" [1]).

---

selben waren, so ist dies die flüchtige Ausdrucksweise eines überhaupt incorrecten Stilisten, auf welche kein Werth zu legen ist.

[1]) Historiola translationis reliquiarum S. Januarii e Napoli Beneventum (Bolland. ad 19. Sept.): „suum namque patrem recepisse gaude-

Was diese offene Gewaltthat eingeleitet, die Erkaltung des allgemeinen Interesses der Bevölkerung für die Kapelle ihres Schutzpatrons, seitdem sein Leichnam in der Kirche von Benevent ruhte, vollendete die kluge Vorsicht des Bischofs Johannes IV. (in der Mitte des 9. Jahrhunderts), der die Reliquien aller Heiligen aus den unbeschützten Katakomben in die Stadt schaffen liess, wofür schon vorher der Papst Paul I. nach Verwüstung der römischen Coemeterien durch die Longobarden ein Beispiel gegeben hatte. Das den hl. Januarius und Agrippinus[1]) geweihte Kloster, welches sein Nachfolger Athanasius I. neben den Katakomben gründete und dem Benedictinerorden zuwies, hat nicht vermocht diesen Orten die Aufmerksamkeit der Bevölkerung wieder zuzuwenden. Als im Jahre 1474 die Pest in Neapel wüthete, wandelte der Cardinal Oliviero Carafa das geräumige Klostergebäude, das seine Insassen, man weiss nicht, warum, verlassen hatten [2]), zu einem Pestlazareth um [3]). Auch die verödete Klosterkirche scheint um dieselbe Zeit wieder restaurirt worden zu sein, freilich zum grossen Nachtheile der Katakomben, deren Marmortafeln man zum Pflastern der Kirche benutzte, so dass der Fuss der darüber Hinschreitenden ihre Inschriften bald verwischte. Mühevoll hat später de Jorio die dürftigen Reste gesammelt. Die Pestepidemieen, die in der.Folgezeit die Stadt heimsuchten, füllten die Grabstätten mehr und mehr, und einzelne Gallerien derselben wurden durch Mauern verschlossen und unzugänglich gemacht.

---

bant." Ueber die späteren Schicksale der Reliquieen s. Bellermann, a. a. O. S. 91 Anmerk. 1.

[1]) Januarius und Agrippinus (der 6. Bischof von Neapel) erscheinen zusammen frühzeitig als Heilige der neapolitan. Kirche. Caraccioli erzählt, dass er in Neapel ein altes Messbuch gesehen, in welchem er ausser den im alten römischen Messkanon verzeichneten Heiligen auch die Namen des Agrippinus und des Januarius gelesen habe. Caraccioli, Monum. eccl. neap. c. XI. sect. 3.

[2]) Das Kloster wird 1445 zuletzt erwähnt.

[3]) Pelliccia a. a. O. S. 125.

In diesem Zustande sah sie im Jahre 1649 der Canonicus Carlo Celano, der über seine Wanderung einen kurzen Bericht hinterlassen hat[1]); leider ist derselbe zu flüchtig und unklar gefasst, als dass aus ihm ein auch nur annähernd klares Bild des Zustandes der Katakomben in damaliger Zeit gewonnen werden könnte. Wir werden später Gelegenheit finden, über die Notizen Celano's, die zu verschiedenen Controversen Veranlassung gegeben haben, ausführlicher zu sprechen.

Nach dem Schreckensjahre 1556 mussten die Coemeterien gemäss einem Befehle des Vicekönigs, welcher dem Wiedereintreten der Pest auf jede Weise vorbeugen wollte, die Gebeine aller innerhalb der Stadt Begrabenen aufnehmen.

Die Veränderungen, welche im Laufe der Zeit das alte Benedictinerkloster erfuhr, das heute ein grossartiges Hospital für alte Männer und Frauen bildet, berührten die Katakomben nicht. Den in ihnen immer weiter greifenden Verfall haben die Bemühungen des Canonicus de Jorio, welcher in den dreissiger Jahren zu retten suchte, was noch zu retten war, nicht aufzuhalten vermocht. Auch die mit schönem Erfolge gekrönten Ausgrabungen, welche vor einigen Jahren eine Anzahl hiesiger Geistlicher unter der Leitung des thätigen und gelehrten Aspreno Galante vornehmen liess, mussten unter dem Drucke vielfacher Schwierigkeiten, welche die Hospitalverwaltung dem Unternehmen bereitete, bald wieder abgebrochen werden. So liegt denn dieses herrliche Denkmal altchristlicher Kunst und altchristlichen Lebens öde und wüste; auf die wenigen Gemälde, die diese Stätte noch schmücken, kritzelt noch heute der Besucher ungestraft seinen Namen, und die weiten Corridore, die geräumigen Krypten bleiben mit Schutt und Gebeinen gefüllt. Wo redet es lauter: „colligite fragmenta, ne pereant"?

---

[1]) Carlo Celano, Notizie della Città di Napoli. Ausgabe von Chiarini Nap. 1860, Vol. V. S. 309 ff.

Zweites Kapitel.
Die erste Katakombe.

Die Hügelreihe, die, von der Höhe des Castells San Elmo in südöstlicher Richtung sich abzweigend, in weitem Kranze Neapel umlagert und in zahlreichen, durch Schluchten geschiedenen Ausläufern bis dicht an die Stadtmauern herantritt, gewährt das Bild des Zuschauerraumes eines gewaltigen griechischen Theaters, zu welchem die hochragenden Mauern des alten Neapel, an denen die Kraft so vieler mächtiger Kriegsfürsten und Städtebezwinger zerschellte, die Bühne, und die zwischen ihnen und den aufsteigenden Höhen liegende schmale Ebene passend die Orchestra bildet. Einer der Ausläufer dieses Höhenzuges, der, eingezwängt zwischen die alte und die neue Strasse von Capodimonte, in sanfter Senkung in das Thal hinabsteigt und dicht neben dem Ponte della Sanità endigt, birgt die Begräbnissstätten der alten Christengemeinde von Neapel. Den Hof des geräumigen Hospitals von San Gennaro dei Poveri, das an die Seite des Hügels sich anlehnt, durchschreitend, gelangt man zu dem Eingange der gleichnamigen Katakomben. Fern von dem Geräusche der Stadt und der lärmenden Geschäftigkeit des täglichen Lebens hatten hier, wo nur einsame Villen aus dem Rebengelände emporragten, die Christen die Ruhestätte für ihre Todten gegründet, in friedlicher Nachbarschaft mit den Glaubensgegnern, die das gleiche Gesetz mit seinem Verbote der Beerdigungen innerhalb der Stadtmauern [1]) hierher gewiesen hatte. Die heilige Scheu des Alterthums vor den Todten, welche nur ausnahmsweise die blinde Volkswuth durchbrach [2]), war in Verein mit den gesetzlichen Bestimmungen über die Unverletzbarkeit der Gräber ein starker Schutz auch für die christlichen Friedhöfe. Mit geräumigen Vorkammern beginnend, dringen über- und nebeneinander breite, hochgewölbte Corridore, deren Anlage der feste Tufstein [3]) leicht gestattete, mit Parallelgallerieen und zahlreichen Abzweigungen in den Hügel ein, bis die Senkung desselben ihnen Halt gebietet. Die alten Katakombenpforten, die ohne Zweifel kunstvoll verziert waren, existiren nicht mehr: bei der Anlage der Hospitalkirche hat man sie zertrümmert, um für den neuen Bau Raum und Steine zu gewinnen.

Wir treten in den Vorraum der ersten Katakombe [4]) ein. Es ist ein geräumiger Saal, dessen Langseiten vom Eingange an immer mehr auseinanderweichen, bis sie in einer ungefähr doppelt so grossen Entfernung, als die anfängliche war, durch eine Querwand abgeschnitten werden. Die Decke ist flach gewölbt; aber die Wölbung sowohl wie die Seitenwände zeigen eine flüchtige Arbeit. Doch leicht verbirgt sich diese architektonische Unvollkommenheit hinter der künstlerischen Vollendung, welche die Flächen dieses Raumes in einer Weise zu schmücken verstand, dass noch heute, wo dürftige Reste aus dem Zu-

---

[1]) Schon das Zwölftafelgesetz: „hominem mortuum in urbe ne sepelito neve urito." S. Bingham, orig. eccl. edit. Hal. Tom. X. S. 4. Augusti, Denkwürdigk. Th. IX. S. 545. Rheinwald, Kirchl. Archäol. S. 380.

[2]) So in Carthago im Jahre 203, was das erste uns überlieferte Beispiel dieser Art ist; Tertullian, ad Scapul. c. 3... cum de areis sepulturarum nostrarum adclamassent: „areae non sint!" Vrgl. Apol. c. 37.

[3]) Die sogenannte tufa litoide im Unterschiede von der tufa granulare, dem körnigen Tuf, in welchem die römischen Katakomben fast durchgehends angelegt sind, während sich für die erste Tufart in Rom kein Beispiel findet.

[4]) Die Bezeichnungen „erste, zweite u. s. w. Katakombe" sind nur zur besseren Orientirung in die Darstellung eingeführt.

sammenhang gerissener Figuren und Ornamente die Idee des Ganzen nur schwer erkennen lassen, die Schönheit und Meisterschaft dieses Werkes unwiderstehlich sich aufdrängt. Das Ganze gruppirt sich um ein kreisrundes Feld in der Mitte des Plafonds, wo zwei fröhlich aufflatternde Tauben in ihren Schnäbeln eine Guirlande von Olivenblättern emportragen — ein bedeutungsvolles Bild an der Stätte des Todes, ein lautredendes „sursum corda!" Um dieses Mittelstück reihen sich acht Felder, die abwechselnd ein Blumenornament oder einen Steinbock tragen — letzterer in zierlicher Haltung auf einer kleinen Console stehend. Daran schliessen sich wieder acht grössere Flächen, auf welchen entweder blumengefüllte Vasen erscheinen, zu denen auf leichten Zweigen links und rechts Tauben emporklettern, oder eine Taube allein, von Blumengewinden umrahmt. Der übrige Raum des Plafonds bis zu der Berührung mit den Seitenwänden zeigt an seinen vier Ecken zwei vorwärts schreitende Panther und zwei springende Steinböcke, die gleichartigen Thiere einander gegenüber. Die vorsichtige Bewegung der ersteren und die stolze Haltung des Steinbocks, der mit zurückgelegtem Geweih zum Sprunge sich erhoben hat, bilden äusserst wirkungsvolle Contraste. Dazwischen drängt sich, in komischer Proteusveränderlichkeit bald mit dem Kopfe des Steinbocks, bald mit dem Pantherhaupte erscheinend, das Seepferdchen; ihm zur Seite in wechselnder Anordnung Guirlanden und mit Rosen gefüllte Schalen.

An den Seitenwänden ist, soweit sich aus den geringen Fragmenten schliessen lässt, fast durchgehends an Stelle der kreisförmigen Flächentheilung die geradlinige, und zwar häufig in Quadratform getreten. Ausser dem Panther, dem Steinkock, der Taube und dem Seepferdchen bemerken wir hier noch die Ente und die Muschel. Die Farben der Felderumrahmungen sind am Plafond roth und gelb, an den Seitenwänden vorherrschend blau — in jenem weichen sympathischen Tone, welcher die pompejanische Decorationsmalerei auszeichnet. Noch mehr aber als das Colorit bezeugt die so harmonische Anordnung des Ganzen, die kunstvolle Theilung der Flächen, die fehlerlose, genaue, und doch leichte und ungebundene Zeichnung, dass dieses Werk einer Zeit angehört, die dem Verfalle der Kunst noch fern stand. Diese alte Malerei, die einen christlichen Ursprung durch nichts andeutet [1]), ja vielmehr durch Aufnahme beliebter Objecte heidnischer Kunstthätigkeit offen zu verläugnen scheint, ist später durch eine andere überdeckt worden, die sich unzweideutiger als ein christliches Werk documentirt. Bestimmt, das Aergerniss so ganz heidnisch scheinender Bildwerke den Augen einer scrupulösen Nachwelt zu entziehen, ist diese spätere Malerei — aus dem 8. Jahrh. — die schützende Decke für die ältere geworden, und in dem Maasse, wie sie selbst der Zeit zum Opfer fiel, traten die alten Farben mit gering geschwächter Frische wieder hervor.

Links von diesem Vorsaal liegt ein nur wenig kleineres Cubiculum, dessen Prüfung leider durch die Gebeine, die dasselbe fast bis zur Decke füllen, beschwert und begrenzt wird. Doch erkennt man noch deutlich denselben Decorationsstil und dieselbe künstlerische Vollendung, welche den Vorsaal auszeichnet [2]). Die zwei Thüren, welche die

---

[1]) Die Taube mit dem Olivenzweige erscheint häufig auf antiken Wandgemälden, ist also kein entscheidendes christliches Merkmal.

[2]) Dasselbe wurde im November 1838 eröffnet (de Jorio a. a. O. S. 73) und ist sammt dem grossen Seitencubiculum Bellermann unbekannt geblieben. Die obere Reihe der Nischen hat die alte Decoration — Blumen, Seepferdchen, Panther — noch bewahrt; dagegen sind die unteren Nischen durch Einfügung von Loculi vielfach verändert worden. In einer der rechten Seitenwand befindet sich eine Darstellung des hl. Januarius und seiner Todesgenossen, und zwar auf einer Schicht, die zwei verschiedene Malereien — ohne die alte classische, von welcher jetzt nichts mehr zu bemerken ist — überdeckt. Das Bild gehört einer sehr späten Zeit an; die Kreuzesform

$$\frac{IC \mid XC}{NI \mid KA}$$ d. h. Ἰησοῦς Χριστὸς „ νικᾷ,

Räume in Verbindung setzten, sind jetzt vermauert. Ein an das Cubiculum gelehnter länglicher Raum mit elf, in zwei Reihen übereinander geordneten Grabnischen ist nach Architektur und Malerei mit diesem und dem Vorraume zusammenzufassen [1]). Wie die linke Seite des Vestibuls ist auch die rechte durch einen kleinen lang gestreckten Saal flankirt. Der Gewölbebau weist ihn den genannten Räumen zu, obgleich die unter einer weissen Kalkschicht hier und da hervortretende Malerei einer späteren Zeit angehört. Dass aber die ursprüngliche Decoration derjenigen des Vorsaals und seiner Seitenräume entsprach, wird durch die Malerei einer Krypte der rechten Seitenwand, die ganz in dem Stile des oben beschriebenen Deckengemäldes ausgeführt ist, ausser Zweifel gesetzt. Das zertrümmerte Luminare zeigt die Kolossalfigur des segnenden Herrn [2]). Die Linke hält ein offenes Buch, in welchem die Worte Joh. 8, 12 verzeichnet stehen [3]), zu beiden Seiten schweben Engel mit Weihrauchfässern. Das Bild ist mehrmals übermalt worden und gehört in seiner jetzigen Gestalt einer sehr späten Zeit an. Die vordere Abtheilung dieses Raumes wurde später nach

---

welche am Plafond der Krypte sich befindet, erscheint zuerst auf Münzen des griechischen Kaisers Konstantin VI. (780—797); vrgl. Sabatier, Descript. générale des Monnaies Byz., Paris 1862 Vol. I. S. 35. Dasselbe Kreuz mit gleicher Inschrift auch in der oberen Gallerie. S. Bellermann a. a. O. S. 81. Cosimo Sternajuolo, Ricerche sulla storia ed i monumenti dei S. S. Eutichete ed Acuzio, Napoli 1874, § XIII.

[1]) In einer Abzweigung dieses Cubiculums fand ich die Reste einer Grabschrift, die in den zum Verschluss der Sarkophagplatte benutzten Cement eingegraben war. Das Wort *IN PACE* ist noch ziemlich deutlich lesbar, der Name des Verstorbenen dagegen nicht mehr zu entziffern. Doch ist zu beachten, dass dieses Grab in der Form von den übrigen abweicht und offenbar in die ältere Anlage hineingearbeitet ist.

[2]) Abgebildet bei Bellermann, a. a. O. Tafel XII.

[3]) *EGO   SVM*
  LVX   MV
  NDI   QVIS
  EQVITVR   ME
  NONAMBVLAT   IN
  TE nebris

dem Innern der Katakombe hin zu der oben genannten Basilica di San Gennaro erweitert, wie noch sichtbare Spuren der damals durchbrochenen Hinterwand und ein regelmässiges schönes Kreuzgewölbe, das an die flache Deckenwölbung anschliesst, bezeugen. Im Hintergrunde des Presbyteriums, welches früher zwei Tufsäulen von der Aula schieden, erhebt sich, aus der Felswand gehauen, der alte Bischofssitz, gemäss den Bestimmungen der Kirche in der Höhe, dass das Angesicht des Bischofs von der versammelten Gemeinde über den Altar hinweg gesehen werden konnte [1]). Die Hinterwand des alten Altars selbst, über welchen der Erzbischof Cardinal Giacomo Cantelmo im Jahre 1701 einen grösseren, marmorbekleideten errichtete, ist noch deutlich sichtbar. Die in der Nähe desselben befindlichen Gräber, von denen zwei die Gebeine der Bischöfe Johannes' I. und Paul's III. umschlossen haben sollen, [2]) und die dürftigen Reste kaum noch erkennbarer Malereien einer späten Zeit [3]) bieten nichts Bemerkenswerthes.

Die Herstellung dieses jüngeren Theiles der Basilica steht mit der Translation der Gebeine des hl. Januarius vom ager Marcianus in unmittelbarem Zusammenhange. Der Bericht des Johannes Diaconus [4]), der jedenfalls ein zuverlässigerer Historiker ist als der ihm widersprechende Verfasser der „Vita Sancti Severi", und die im 5. Jahrh. anhebende Verehrung des Märtyrers legen es nahe, diese Ueberführung der Reliquien und den dadurch veranlassten

---

[1]) Ein ähnlicher, mit einem Monogramm Christi verzierter Bischofsstuhl, der aus den Katakomben von Maria della Sanità stammt, wird in einer Seitenkapelle der gleichnamigen Kirche aufbewahrt.
[2]) Johannes Diac. a. a. O. in Joh.: „In eo oratorio, ubi manu sua condidisse dicitur beatissimum Martyrem Januarium.... et ipse parte dextra humatus requievit." — In Paulo III.: „Lethali occupatus infirmitate mortis exsolvit debitum sepultusque est in ecclesia sancti Januarii Martyris."
[3]) Abgeb. b. Bellermann a. a. O. Taf. X. u. XI; vrgl. Scherillo a. a. O. S. 69 ff.
[4]) Siehe S. 5.

Ausbau der Grabkammer zu der Basilica in ebendaselbe — das fünfte Jahrhundert zu versetzen [1]).
Wir wenden uns zu dem grossen Vorsaale zurück. Die Hinterwand desselben zeigt drei Thüren: die mittlere und grösste bildet den Eingang zu dem Hauptcorridor der Katakombe, während die rechts gelegene zu einem Parallelcorridor und die linke zum obern Stockwerke führte Beide sind jetzt vermauert [2]).
Das Hauptthor eröffnet einen langen, flach gewölbten Corridor, der, mit einer wechselnden Breite von 3—5 Meter.

---

[1]) Die Inschrift:
.... *ENIS · IANVARI · MARTYR*
.....*S. AETERNO FLORE*
'N

welche Pelliccia (a. a. O. S. 184) auf einem zum Pflastern benutzten Marmorstücke sah, existirt jetzt nicht mehr und ist auch zu fragmentarisch, als dass man sie einem bestimmten Jahrhundert zuweisen könnte. Ferner ist es fraglich, ob sie wirklich zu der Grabstätte des hl. Januarius gehört hat.

[2]) Die links und rechts von dem Haupteingange befindlichen Nischen, welche eine frühere Decoration durchbrechen, erweisen sich dadurch als ein späteres Werk. Ihre Bestimmung ist räthselhaft. Der Halbbogen der rechten Nische (1,90 m. hoch, 1,14 m. breit) wird durch zwei Tufsteinsäulen getragen; die Innenwände zeigen 5 weibliche Figuren, und zwar im Hintergrunde die hl. Agathe, Katharina und Eugenia, auf der rechten Seite die hl. Juliana, ihr gegenüber die hl. Margaretha. Der Plafond trägt die noch kaum erkennbaren Umrisse eines Christuskopfes. Eine fast ganz erloschene Inschrift, deren Zusammenhang jetzt nicht mehr herzustellen ist, scheint darauf hinzudeuten, dass diese Darstellungen der Erinnerung eines Festes bestimmt waren. Pelliccia (a. a. O. S. 142) las noch *DIE XII. INTRAMVS.... ERIT LOCI HVIVS....* Unter dieser Malerei tritt eine frühere Schicht hervor, deren Farbenton einem über dieser Nische befindlichen Fragmente entspricht, welches die Taufe Christi darstellt und von der die alte classische Decoration überdeckenden Malerei das einzige erhaltene grössere Stück ist. Ob die Nische jenes Baptisterium gewesen ist, welches Paul II. in den Katakomben eingerichtet hat, und ob das darüber befindliche Bild der Jordantaufe, welches der Zeit jenes Bischofs, dem 8. Jahrh., recht wohl angehören kann, auf diese ursprüngliche Bestimmung hinweisen sollte, wird sich kaum mehr entscheiden lassen. Die linke Nische ist einfacher, von etwas abweichender Form und jetzt ganz ohne Wandschmuck. Ihre Breite beträgt 1,28 m. ihre Höhe 1,66 m.

wohl 90 Meter in das Innere des Hügels eindringt, bis die Senkung desselben ihn abschneidet. Ein heute geschlossenes Luminare führte dieser fast durchgehends c. 4 Meter hohen Gallerie das Tageslicht zu, das jetzt durch das Thor des Vorraums spärlich hereindringt. Die ganze Länge des Hauptcorridors begleitet eine schmälere Nebengallerie, die, in ersteren mit zahlreichen Pforten einmündend, selbst wieder viele Ausläufer aussendet, die, an Länge und Breite verschieden, zuweilen mit grösseren Räumen abschliessen. Weniger regelmässig ist die Anlage zur Linken des grossen Ambulacrums. In einer Tiefe von c. 22 Meter — vom Eingang an gerechnet — dringt rechtwinklig ein langer schmaler Gang in den Tuffelsen, der in ein Drittel seiner Länge durch einen zweiten, selbst mehrfach getheilten, durchschnitten wird. In gleicher Weise zweigen sich im Hintergrunde des Hauptcorridors einige in Form und Ausdehnung von einander unterschiedene Ausläufer nach links ab.

Die wechselnde Richtung der durch diese Anlage gewonnenen Gallerieen begleitet eine ununterbrochene Reihe von Gräbern, die gewöhnlich in die Seitenwände, in zwei Reihen übereinander laufend, eingefügt sind, aber auch zuweilen an der Bodenfläche sich aneinanderreihen. Einige Krypten liegen sogar unter dem Niveau der Katakombe: man steigt auf einer kurzen Treppe zu ihnen hinab. Die überwiegende Anzahl der Gräber repräsentirt die einfache Form des Loculus; das kunstvollere Arcosolium[1]) herrscht in der Hauptgallerie vor, während die links und rechts von dem Vorsaale gelegenen Kammern eine, soweit mir bekannt, bis jetzt in den christlichen Coemeterien noch nicht nachgewiesene Form der Gräber zeigen: an den Schmalseiten des Grabraumes erheben sich in einer Höhe von c. 50 cm. senkrechte Seitenwände, die

---

[1]) Die Arcosolien — Sarkophage mit darüber gewölbtem Bogen — unterscheiden sich wieder, je nachdem ihre Hinterwand durch eine senkrechte oder durch eine eingebauschte Fläche gebildet wird.

durch ein flaches Tonnengewölbe verbunden werden — eine Stilart, die sehr an die von de Rossi in den römischen Katakomben registrirten Sepolcri a mensa, für welche sich übrigens in den neapolitanischen Coemeterien kein Beispiel findet, erinnert; der einzige Unterschied liegt in der Form der Decke.

Die Anlage der Gallerieen ist in ihrer ganzen Ausdehnung durch Regelmässigkeit und Correctheit ausgezeichnet und hebt sich in dieser Beziehung von den römischen Coemeterien vortheilhaft ab. Die Formation des Hügels, den man von der einen Seite bis zu der andern zu durchbrechen hatte, die für unterirdische Bauten sehr geeignete Tufart, welche keinerlei Einschränkungen und Vorsichtsmaassregeln auferlegte, erklären diese Vorzüge leicht, ohne dass man nöthig hat, die Ausführung des Baues nach einem von vornherein feststehenden Plane vollzogen zu denken, besonders da die erste Katakombe keineswegs als das einheitliche Werk einer Periode sich darstellt. Den ältesten Theil derselben bildet ohne Zweifel der Vorsaal mit den ihm links anliegenden Räumen und der vorderen Abtheilung der Basilica di San Gennaro, wozu noch ein Stück der eigentlichen Gallerie, links mit zwei, rechts mit vier Nischen, kommt. Der Decorationsstil und die oben erwähnte eigenthümliche Form der Gräber, welche sich nur in diesen Räumen findet, setzen die Zusammengehörigkeit derselben klar. Erst in einer späteren Periode unternahm man es, den den Vorsaal vertiefenden Gang zu einer Gallerie auszubauen und rückte zu diesem Zwecke, wie deutlich sichtbar, die Decke etwas tiefer. Zugleich wird die Grabform eine andere: das Arcosolium, anfangs mit flacher, dann mit eingewölbter Hinterwand, erscheint. Gleichzeitig wurde der rechte Parallelcorridor in der Hinterwand des Vorsaals neben dem Hauptportal eröffnet und durch zahlreiche Thore mit der grossen Gallerie in Verbindung gesetzt. Dagegen scheint der links von dem Ambulacrum sich abzweigende Corridor eine spätere Anlage zu sein, auf dessen weitere Ausführung —

denn er ist unvollendet — verzichtet wurde, als man sich zur Herstellung eines obern Stockwerkes entschloss und der Gefahr, welche den oberen Gallerieen durch eine unter ihnen liegende bereitet werden musste, auswich. Sonst lässt sich für die einzelnen Räume dieser jüngeren Abtheilung der ersten Katakombe ein „Früher" oder „Später" nicht bestimmen, da jegliche Indicien fehlen. Auffallend ist, dass, während in den römischen Katakomben der Loculus als die älteste, das Arcosolium als die jüngste Grabform erscheint, hier das umgekehrte Verhältniss stattfindet, indem die Loculi sich erst in denjenigen Corridoren finden, welche von der Hauptgallerie aus angelegt wurden. Letztere aber zeigt nur Arcosolien; wo Locoli erscheinen, sind sie erst später eingefügt, wie an der regellosen Anordnung und Ausführung ersichtlich ist.

Die Verschiedenheit der Gräber — hier die kunstvolle Form des Arcosoliums mit Bilderschmuck und Eingangssäulen, dort der einfache Loculus — legt die Frage nahe: sind die Unterschiede des Lebens mit den Todten in die Todtenstadt hinabgestiegen? Es unterliegt in der That keinem Zweifel, dass die Sonderungen, welche die socialen Verhältnisse im Leben bedingen, auch in dem gemeinsamen Coemeterium den Einen von dem Andern trennten, dass, während der Eine in dem Hauptcorridor unter hochragendem Bogen, inmitten kunstvoller Bildwerke raumverschwendend eine Ruhestätte sich bereitete, der Andere in die gleichförmige Reihe der Loculi, die in den Nebengallerien sich ununterschiedlich aneinanderfügen, gebettet wurde. Wenn Tertullian sagt [1]), dass in der Gemeinde allmonatlich Collecten stattfänden „egenis alendis humandisque" — „für den Unterhalt und das Begräbniss der Armen", so ist damit angedeutet, dass die Begräbnissstätte für eine gewisse Geldsumme erkauft werden musste, eine Einrichtung, welche ja auch die zahlreichen

---

[1]) Tert. Apolog. c. 39.

heidnischen Begräbnisscollegien hatten¹). Damit ist aber ein Rangunterschied in den Coemeterien unmittelbar gegeben. Denn dass der Unbemittelte, dessen Begräbnisskosten die Armenkassenverwaltung bestritt, ein schmuckloseres, einfacheres Grab fand als der Reiche und in der Gemeinde Angesehene, liegt auf der Hand. Das Beispiel der jerusalemitischen Gemeinde, die nur gemeinsames Eigenthum kannte, gründete sich auf die Erwartung einer bald eintretenden Parusie und hat mit Recht in der alten Kirche keine Nachahmung gefunden.

Die grösseren Räume, welche verschiedentlich die Corridore abschliessen, waren für den Vollzug der mit den Begräbnissfeierlichkeiten verbundenen und an das Andenken der Verstorbenen geknüpften religiösen und kirchlichen Handlungen bestimmt²).

Da die Malerei der Vorräume schon bei Gelegenheit der Beschreibung derselben behandelt wurde, bleibt noch die Bildwerke der eigentlichen Katakombe, die sich sämmtlich in den Nischen des Hauptcorridors befinden, darzustellen übrig. Die zweite Nische der linken Seite zeigt die Darstellungen des guten Hirten (Hinterwand), des Propheten Jonas (linke Seitenwand), die Auferweckung des Lazarus (linke Aussenwand), das Quellwunder des Moses (rechte Aussenwand) und den zum Himmel auffahrenden Herrn (Plafond). Die Innenwände tragen noch Spuren von Mosaik und sind durch Guirlanden und Rebengewinde angenehm belebt.

Einer religiösen Gemeinschaft, die äusserlich auseinandergerissen und von feindlichen Gewalten bedroht war, musste die Idee eines einigen Hirten, der die durch harte Nothwendigkeit, durch Zufall oder eigene Entscheidung gesprengte Heerde in ewig gleicher Liebe und Führung ver-

---

¹) Mommsen, de collegiis et sodal. Rom. Kiliae 1843. S. 87 ff.
²) Vrgl. F. X. Kraus, die christl. Kunst in ihren frühesten Anfängen. Lpz. 1873. S. 54 ff.

einigt hält, besonders theuer sein. Je mehr Sprache, Sitte
und Raum die Gläubigen einander fern zu rücken schienen,
je mehr man, noch ungewohnt der grossen Ausdehnung
des neuen Reiches, sich zu verlieren fürchtete, desto freudiger vernahm man das Wort der heiligen Schrift von dem
seine Schafe weidenden und immer führenden Hirten. Daher erscheint derselbe unter den bildlichen Darstellungen
der Christen so früh und so häufig. Der Hermes κριοφόρος
des Alterthums [1]) hat schwerlich das Motiv zu diesem
Bilde geliefert, gewiss aber ihm einige charakteristische
Züge geliehen und dazu beigetragen, dass es rasch populär wurde.

Eine jugendliche, anmuthige Gestalt mit milden, seelenvollen Zügen, deren Blicke träumerisch in die Weite gehen,
während die Last des Körpers sich leicht auf einen Stab
stützt — so tritt er uns hier entgegen [2]). Der Schimmer
himmlischer Schöne und Vollendung, in welchen das Alterthum die seligen Götter und göttergleichen Helden kleidete,
ruht noch auf dieser jugendlichen Gestalt, die ein leichter
Zug besorgten Ernstes und vertrauenerweckender Milde so
sympathisch macht. Es waren wohl kaum die Worte
Kap. 10, 12 des vierten Evangeliums, welche in der Seele
des Künstlers die Idee dieses Bildes in's Leben riefen,
sondern vielmehr die Verheissung des Propheten Jesaia 40, 11
(vergl. Ezech. 34, 11), wo der Messias als der seine Heerde
Sammelnde, die Schwachen mitleidsvoll Aufrichtende erscheint, während er in dem Johannisevangelium einfach
sein Verhältniss zu dem Miethlinge bestimmt, und zwar
mit so harten, schonungslosen Worten (vrgl. vv. 1, 8
und das Urtheil der Juden vv. 20, 21), dass daraus unmöglich ein Motiv für den guten, sanften Hirten, wie
er hier und sonst dargestellt ist, entnommen werden
konnte.

---

[1]) Abbildungen bei Piper, Myth. und Symb. d. christl. Kunst I, 1. S. 77 ff.
[2]) Abgebildet bei Garrucci, Storia dell' arte cristiana, Vol. II. Tav. 91.

Der Hirt trägt das Haupthaar kurz, den Hals entblösst. Die Schultern bedeckt ein Ueberwurf mit gezackten Enden, unter dem die mit schmalen Streifen verzierte Tunika hervortritt. Die Ecken derselben tragen das geheimnissvolle Zeichen 卍[1]), das aus uralten Zeiten sich erhalten hat und auch in den christlichen Darstellungskreis eingedrungen ist. Die Bedeutung eines solchen Bildes auf einem christlichen Grabe drängt sich unmittelbar auf. Es predigt die Einheit, welche trotz Grab und Tod die Seelen der Entschlafenen und der Lebenden mit einander verknüpft, in Hoffnung und hingebendem Vertrauen auf den einigen Hirten, der die Lämmer in seine Arme sammelt und an seinem Busen trägt. In dem guten Hirten die ganze göttliche Heilsordnung von dem Erlösungsrathschlusse bis zur Gründung der christlichen Kirche oder bestimmte Beziehungen auf gleichzeitige dogmatische Fragen angedeutet zu finden, ist eine Spielerei der Phantasie, die hier, wie sonst in der altchristlichen Kunst, ein einfaches, unmittelbar verständliches Bild mit verwirrender Symbolik übersättigt und die frische Unmittelbarkeit des Eindrucks durch fernliegende Beziehungen zersplittert. Den ersten Christen ist das Grab nicht der Ort für biblisch-theologische und dogmengeschichtliche Excurse gewesen.

Die linke Seite der Nische schmückt das Fragment eines Jonas unter der Kürbislaube [2]). Der Prophet, in halbliegender Stellung, stützt den nackten Oberkörper mit dem

---

[1]) Es ist in der altindischen Symbolik das Zeichen des heiligen Feuers und stellt die beiden Hölzer dar, durch deren Reibung dasselbe hervorgerufen wurde. Vrgl. Emile Burnouf, Dict. sanscr. s. v. „svastika"; Schliemann, Trojan. Alterthümer S. 46 ff. (der französ. Uebersetzung). Der geheimnissvolle Sinn, welchen das heidnische Alterthum mit diesem Zeichen verband, seine Aehnlichkeit mit dem Kreuze waren die Ursache seiner frühzeitigen Aufnahme in den christlichen Bilderkreis. Die Ausführungen de Rossi's (Bullett. 1868, S. 88—91), welche das Auftreten des Signum gammatum als ziemlich spät erweisen wollen, sind wenig überzeugend.

[2]) S. Garrucci a. a. O.

rechten Arme und blickt, die Züge von Missmuth und Schmerz überhaucht, sinnend vor sich hin — genau der im Jonasbuche gezeichneten Situation entsprechend. Die Mehrzahl der bildlichen Darstellungen aus dem Leben dieses Propheten symbolisirte den Christen ohne Zweifel die Auferstehung, welche ja der Herr selbst in der alttestamentlichen Erzählung vorbildlich angedeutet gefunden hatte. Aber diese Beziehung ist doch nur da statthaft, wo das Versinken in den Abgrund des Verderbens und die Errettung aus demselben zur Darstellung gebracht ist, d. h. in denjenigen Bildern, auf welchen der Prophet von dem Fische verschlungen oder von ihm ausgespieen erscheint. Dagegen wird sich zwischen dem predigenden oder missmuthig unter der Kürbislaube ruhenden Jonas und der Auferstehung keinerlei Beziehung nachweisen lassen. Ebenso hat die auf einen Ausspruch des Hieronymus gegründete Behauptung de Buck's[1]), dass neben dem Hinweis auf die Auferstehung in den Jonasbildern die Anerkennung des Rechtes der Heidenmission und ein Protest gegen judenchristliche Engherzigkeit zum Ausdruck gelange, für den predigenden Jonas vielleicht volle Berechtigung, kann aber bei der Erklärung einer Situation, wie die in der ersten Katakombe dargestellte, ebenso wenig in Betracht kommen als die vorher genannte. Die von Unmuth beherrschten Züge des Propheten, die trotzige Unzufriedenheit, die ihn Gott und Menschen fliehen heisst, weisen in Gemeinschaft mit der biblischen Erzählung darauf hin, dass Jonas hier als der Repräsentant des über Gottes Fügungen murrenden Menschen zu fassen ist, dessen Klage und eigenwilliges Verlangen immer ebenso thöricht ist als das des Busspredigers von Niniveh, welchen der Herr selbst belehrte. Das Bild hat also eine negative Bedeutung: es warnt vor der Thorheit unverständigen Murrens und Rechtens mit den Schickungen Gottes, indem

---

[1]) V. de Buck, Études rel., hist. et litt. par les PP. de la Compagnie de Jésus XIIIe année, t. II, Août 1868, no. 8, S. 301 ff.

es das gleiche Thun eines alttestamentlichen Mannes, das
der Herr in strafender Rede tadelte und beschämte, in
Erinnerung erhält an einer Stätte, wo der Schmerz um
die Dahingeschiedenen die Besonnenheit gottergebenen
Glaubens leicht überfluthen konnte.

Wie also der gute Hirte der Hoffnung Ausdruck verleiht, der um die Zukunft der Entschlafenen nicht bangt,
so predigt der Prophet Jonas den Glauben, der sich dem
Willen Gottes widerstandslos ergiebt.

Die rechte Innenwand der Nische ist durch einen
später eingefügten Loculus leider zerstört und jetzt ganz
ohne Malerei. Auch die Aussenwände sind mit zwei biblischen Scenen geschmückt. Links sehen wir das häufig
dargestellte Wunder der **Auferweckung des Lazarus**:
Der Herr, in eine Toga gekleidet, deren Falten kunstvoll
geordnet sind, ist im Begriff, die zu dem Grabe führenden
Stufen zu betreten. Seine Rechte berührt mit einem Stäbchen das Haupt des als Mumie in der Grabesthüre erscheinenden Lazarus. Die Frische und Lebendigkeit,
welche die Darstellung des guten Hirten auszeichnet, ist
hier zu einer gewissen Formalität und Strenge erstarrt,
und die unmittelbare Wirkung des ersteren Bildes wird
durch die theatralisch und auctoritätsvoll gefasste Hauptfigur bei weitem nicht erreicht. Ueberhaupt scheint diese
Scene des Johannesevangeliums vor dem Anfange des dritten
Jahrhunderts nicht dargestellt worden zu sein. Für die
Charakteristik der populären christologischen Anschauung
der Zeit ist sie insofern von Bedeutung, als in ihr Christus
in der Weise der Magier mit einem Zauberstäbchen operirend erscheint, eine Vorstellung, die durch das Marcusevangelium nahe gelegt war, in welchem ja Jesus vielfach
unter fremdklingenden aramäischen Worten und mit seltsamen, spannenden Mitteln seine Wunder vollzieht (Vrgl.
Mrc. 5, 40 ff.; 7, 34 ff.; 7, 32 ff.; Joh. 9, 6). Wie mehrmals in den römischen Katakomben, figurirt auch hier als
Gegenstück zu der Auferweckung des Lazarus das **Quellwunder des Moses**. Es liegt in dieser Darstellung schwer-

lich eine Hinweisung auf Christus, wie Bellermann will [1]), sondern der aus dem todten, starren Felsen sprudelnde Wasserquell symbolisirt das ewige, selige Leben, zu welchem die von dem Körper sich lösende Seele eingeht, oder vielleicht auch die Auferstehung des Leibes selbst, welche das Pendant doch andeutet.

Noch ein fünftes Bild erscheint am Plafond der Nische: eine in einen weiten Mantel gehüllte, schwebende Figur, ohne Zweifel der zum Himmel auffahrende Herr selbst [2]). Die bauschig und kunstlos angeordnete Gewandung, die strengen Gesichtszüge des Herrn, der hier einen kurzen Bart trägt, der Nimbus schliesslich, der sein Haupt umrahmt, weisen das Gemälde einer späteren Zeit zu. Auch hebt sich die Schicht, der es aufgetragen ist, von einer älteren deutlich erkennbar ab.

Die Malereien einer Nische der rechten Seite gehören ebenfalls verschiedenen Perioden an. Auf der Hinterwand entfaltet ein Pfau sein prächtiges Gefieder, umrahmt von rosengefüllten Vasen, Guirlanden, flatternden Vögeln und hier und dort zerstreuten Früchten und Blättern. Aehnlich waren die Aussenwände geschmückt. Noch sieht man links eine mächtige, von Rosenschnüren begleitete Guirlande aus einer Vase mit Blätterschmuck aufsteigen, welche da, wo sie sich rechts wendet, um den Bogen der Nische zu umrahmen, die Füsse eines zweiten Pfaues leicht berührt. Diesem Decorationsstile entspricht derjenige der rechten Innenwand. Die entgegengesetzte Seite dagegen zeigt ein äusserst interessantes historisches Gemälde: auf einem Felsen sitzt eine in Toga und Pallium gekleidete männliche Figur, die den rechten Arm leicht gestikulirend erhoben hat und zu neun, rechts von ihr befindlichen, in gleicher Weise gekleideten Männern spricht. Es ist eine Darstellung des zu seinen Jüngern redenden Herrn, vielleicht der Bergpredigt selbst, deren Situation die Anordnung der Figuren

---

[1] A. a. O. S. 34.
[2] Garrucci a. a. O. Tav. 92.

wohl entspricht. Zeichnung und Farbenton weisen das
Gemälde, das in die ursprüngliche Decoration störend eintritt, der Zeit der Aussenbilder des eben beschriebenen
Grabes zu.
An diese Nische schliesst sich eine andere mit auffallender Malerei. Auf der Rückwand des Arcosoliums wachsen
aus einem mit Trauben gefüllten Korbe Reben und Laub
tragende Ranken empor, die, nach rechts und links in an-
muthigen Windungen sich verbreitend, die ganze Wand-
fläche ausfüllen, in einer Anordnung, welche vielfach an
ein Deckengemälde in S. Domitilla erinnert, in welchem
de Rossi ein Werk des ersten Jahrhunderts sieht. Der
sich sofort aufdrängende Gedanke, dass dieses Bild durch
das Gleichniss des Herrn von dem Weinstocke und den
Reben inspirirt worden sei, wird durch die tanzenden,
becherschwingenden Genien, deren jeder eine Seitenwand
einnimmt, wieder abgeschnitten. Dieselben sind hier nicht
„rein ornamental und accessorisch" angewandt, ebensowenig
wie in dem Deckengemälde in S. Lucina in Rom, sondern
sind ein Theil des Erbes, welches heidnische Künstler mit
ihrem Taufgelübde dem Christenthume zubrachten. Während aber in S. Lucina die Erfindungsarmuth des technisch
geschickten Künstlers, welche durch die Wiederholungen
documentirt wird, zur Ausfüllung der Felder den christlichen Figuren heidnische einzureihen sich gezwungen sah,
fehlt in dieser Decoration jegliches specifisch christliche
Moment. Das Opfer, das die Genien forderten, Wein und
Blumen[1]), hat der Maler ihrer Darstellung beigefügt. Es
sind reizende Gestalten voll neckischer Bewegung, die nicht
nur an ähnliche Bildchen im Museo Nazionale erinnern,
sondern fast den Eindruck von Copieen machen.
Weiter in der Tiefe des Corridors sind noch zwei
Arcosolien mit Gemälden zu erwähnen. Die rechte Innenwand des einen trägt die Darstellung Daniel's unter den
Löwen. Der Prophet, in persischer Kleidung, mit phry-

---

[1]) Horat, epist. lib. II, 1, 144.

gischer Mütze, steht mit ausgebreiteten Händen zwischen
den beiden Thieren, die mit drohend erhobenen Häuptern
zu ihm aufblicken. Es ist bemerkenswerth, dass Daniel
auf den älteren Katakombenbildern sehr selten bekleidet
erscheint. Der Prophet, in dieser Situation seines Lebens
dargestellt, ist als ein Typus der Auferstehung zu fassen.
Freilich ist nicht unwahrscheinlich, dass das Bild auch bestimmt war, Ermuthigung und Trost in Verfolgungsnoth
zu spenden, aber selbstverständlich nicht in einer Gemeinde,
die, wie die neapolitanische, in stetem Frieden mit dem
Heidenthume lebte. Die entgegengesetzte Innenwand ist
mit dem Bilde einer von Guirlanden umrahmten Ente geschmückt — vielleicht eine Anspielung auf den Namen
des Verstorbenen.

Das Fragment eines anliegenden Arcosoliums ist
jetzt kaum noch mit Sicherheit zu bestimmen. Es zeigt
die Köpfe und Beine — die mittleren Particen sind gänzlich zerstört — von sieben Personen, deren Blicke, wie es
scheint, auf einen Punkt gerichtet sind[1]). Sie sind mit
Ausnahme von zweien, deren Füsse sich in schreitender
Bewegung befinden, in ruhiger Stellung. Wahrscheinlich
haben wir hier eine Darstellung der Agapefeier; die links
und rechts Herbeischreitenden wären dann die Aufwartenden,
zu deren Amte die leichte Kleidung — die blosse Tunika
sehr wohl passte.

Damit schliesst die Reihe der Bildwerke der ersten
Katakombe ab. Wenn es zweifellos ist, dass sämmtliche
Arcosolien des Hauptcorridors mit Malereien geschmückt
waren, so ist um so mehr zu bedauern, dass nur so Weniges
den Verfall überdauert hat.

Von Inschriften hat sich in der ersten Katakombe mit
Ausnahme des oben (S. 14 Anm. 1.) erwähnten Fragmentes
gar nichts erhalten; die sogenannte Priapussäule, die unverdienter Weise mehrmals in ernster Debatte behandelt

---

[1]) Abgebildet bei Garrucci a. a. O. Tav. 93, aber nicht ganz
treu.

worden ist[1]) und verschiedene kühne Hypothesen verschuldet, hat, ist eine Mystification des Mittelalters und deshalb für unsere Untersuchung werthlos.

---

[1]) Zuletzt von Bellermann (a. a. O. S. 115), der die Inschrift folgendermaassen liest:

Πρίαπος

אֱלוֹהַּ קֶסֶם

מְעָרָה־כִּמְרִיר הֶבֶל רַע הַפֶּלַח
אֱלִיל זָכָר ץ

„Priapos — ein Gott der Lüge — die Höhle des Kimmeriers ist eitler Trug, ruchlos ist es, zu dienen dem Götzen Phallus."
Dagegen übersetzt Fusco (Dichiarazioni di alcune iscrizioni pertinenti alle Catacombe di S. Gennaro dei Poveri, Napoli 1839 S. 8): „In angustia lugebo insurgentes tenebras: attenuata est scientia orationum, splendidum donum justi." Wieder anders Sanchez (Campania sotterranea, Napoli 1833 Tom. I. S. 469 u. 470): „Priapo — il suo cedro solleva — La spelonca nell' abitazione degli amici. La scienza nel cuor generoso, ed in essa la giustizia." Vrgl. auch Garrucci a. a. O. S. 104.

Drittes Kapitel.
Die zweite Katakombe.

Aus dem Erdgeschosse führten zwei Treppen zu der oberen Gallerie, die eine aus dem rechten Parallelcorridor, die andere — jetzt vermauert — aus dem grossen Vorsaale. Daneben besitzt dieselbe einen directen Haupteingang, der zu einem durch zwei Tufpfeiler geschiedenen Saal führt, dessen vordere Abtheilung in gleichem Niveau mit der ersten Katakombe liegt, während die dem Innern zugewendete um vier Stufen sich höher erhebt. Die flachgewölbte Decke dieses Hinterraumes ist durch ein später angelegtes Luminare durchbrochen, welches durch die in kolossalem Umriss ausgeführte Darstellung der Jungfrau mit dem Jesuskinde und zweier ihr zur Seite stehender Heiligen geschmückt ist [1]). Fünfzehn Grabnischen in zwei Reihen übereinander geordnet, von auffallender Grösse [2]). theilweise noch mit Malereien, füllen die Wandflächen dieser Abtheilung des Vorraums, die in der Länge 7,20 M., in der Breite 7,06 M. misst. Im Hintergrunde stellen zwei schmale kurze Corridore, von denen einer jetzt durch eine Mauer abgeschlossen ist, die Verbindung mit dem breiten

---

[1]) Das Bild, jetzt nur noch erkennbar, wenn hereinströmender Regen die Farben nässt, scheint dem 9. Jahrh anzugehören.

[2]) Eine derselben — und sie sind an Grösse ziemlich gleich — hat 1,80 M. Breite und 2,60 M. Tiefe; sie haben sämmtlich die Arcosolform und umschlossen mehrere Leichname. Der einzige in diesem Raume befindliche Loculus ist späteren Datums.

Ambulacrum her. Der rechts gelegene, welchen ein 2,30 M. breites Thor eröffnet, hat in drei Reihen ein Anzahl Nischen, deren Form und Malerei ganz dem Stile des Vorraums entspricht. Eines der Arcosolien ist durch das Bild eines Pferdes, das sich durch Leichtigkeit der Bewegung und Schönheit der Form auszeichnet, bemerkenswerth. Wie bekannt, gilt die Darstellung des Pferdes mit oder ohne Palme und angedeutetem Ziele für eine Symbolisirung des Wettlaufes des Christen nach dem ewigen Leben. Es ist dies eine gewagte Erklärung, deren Recht noch nicht nachgewiesen ist. Ein einzelnes Pferd, das ohne Geschirr, ohne Zügel und zuweilen noch in ruhiger Stellung ist, soll auf die im Hippodrom rennenden Pferde hinweisen, und diese ihrerseits in ihrem Jagen nach dem Ziele das Laufen des Christen nach dem ewigen Leben symbolisiren? Das wäre in der That eine schwerfällige, umständliche Symbolik, während Paulus selbst einen einfacheren Vergleich des Christenthums mit einer Scene der Rennbahn nahe gelegt hatte (I. Cor. 9, 24 ff.). Das Pferd soll gewiss nur entweder auf den Namen oder auf den Beruf des Verstorbenen hinweisen. Ersteres hat in den Darstellungen eines Schiffes auf dem Grabe einer Navira, eines kleinen Schweinchens auf dem einer Porcella, eines Lastthieres auf dem eines Onager und ähnlicher eine ganz entsprechende Parallele, und letzteres in der Sitte, das Handwerk des Verstorbenen durch die Abbildung des zu demselben gehörenden Werkzeugs auf dem Grabe anzudeuten, eine gewisse Stütze [1]). Der Plafond des Arcosoliums ist mit einer Maske, die Seitenwände mit Vasen und Delphinen geschmückt.

Wir wenden uns nun zu den Malereien des Vorraums, und zwar zuerst zu dem vollendetsten Stücke desselben, den Bildern des Plafonds, von denen leider ein Viertel bei der Herstellung des Luminare zerstört worden ist. In der

---

[1]) Das Reliefbild eines heidnischen Grabsteines, welches den Verstorbenen — einen Wagenführer des Circus — zwischen zwei Pferden, die Futter aus seiner Hand fressen, zeigt, erinnert ebenfalls sehr an unsere Darstellung.

Mitte, innerhalb eines Octogons, erblicken wir eine geflügelte, leicht schwebende Victoria, die einen Palmzweig trägt. Um dieselbe ordnen sich zwei Paare scherzender, Kränze schwingender Genien und ebenso viele geflügelte Jungfrauen, gleichfalls mit Kränzen. Es sind sämmtlich reizende Gestalten, die der Künstler mit wunderbarer Lieblichkeit und unübertrefflicher Anmuth ausgestattet hat. Von dieser Gruppe zweigen sich Felder mit tragischen Masken und üppigen Trauben ab, welche letztere auf altarförmige Basen sich stützen, während die ersteren, links und rechts von Vögeln begleitet, bis dicht an Rosenguirlanden sich herabsenken, welche die Darstellungen von Adam und Eva, von drei thurmbauenden Jungfrauen und die eines vorwärts schreitenden Mannes umrahmen. Hieran schliessen sich die Figuren zweier Panther, springende Steinböcke, Seepferdchen, Granatäpfel und vier herrliche Frauenköpfe, die auf rosenverziertem Haar Vasen mit Blumen tragen. Das Ganze begrenzen Felder in Rechteckform, auf denen wiederum Frauenköpfe, ausserdem das Haupt eines bärtigen Mannes und das Bild eines geflügelten Drachen geschmackvoll geordnet sind.

Das Deckengemälde ist von ausserordentlicher Schönheit und nur wenige classische Bilder werden den Vergleich mit demselben aushalten. Die leicht schreitende Bewegung, das tändelnde Spiel, die kreisförmige freie Flächentheilung auf der einen Seite, der Ernst der Masken, die imponirende Ruhe der Frauenköpfe, die hier und da eingreifende strengere geradlinige Felderform auf der andern Seite vereinigen sich zu einem Ganzen, das in höchster Kunstvollendung Heiterkeit und Strenge, Bewegung und Ruhe harmonisch verschmolzen zeigt. Es war eine echte Künstlerhand, die dieses Meisterwerk schuf, das vielfach der Decoration des Vorsaales der ersten Katakombe ähnelt. Aber der Künstler, der eine reichere Mannigfaltigkeit von Figuren in so vollendeter Weise zu ordnen verstand, steht höher als der, welcher, wenn auch nicht weniger kunstvoll, einen einfacheren Entwurf zur Ausführung brachte. Während ferner in der ersten Katakombe der christliche Maler Alles aus dem Schatze der heidnischen Kunst entnahm, hat der Vollender dieses Werkes mit dem fremden Pfunde erfolgreich gewuchert und die Schranken absoluter Abhängigkeit bereits durchbrochen.

Die in dem bunten Wechsel heidnischer Figuren erscheinenden christlichen Darstellungen sind Adam und Eva [1]). Das Bild gehört zu dem Schönsten, was die altchristliche Kunst je geschaffen hat. Es bringt den Augenblick zur Anschauung, wo der Erkenntniss des ersten Menschenpaares das Bewusstsein der begangenen Sünde aufgeht. Rechts von dem Beschauer steht Adam; auf ihm lastet der Druck der Unthat am schwersten, da sein Wille durch Ueberredung gebeugt wurde. Er wendet sich von der Verführerin ab, aber kein Vorwurf entquillt seinem Munde, kein Zornesgedanke überschattet seine trauernden, resignirt blickenden Züge; nur der nach dem Weibe abwehrend ausgestreckte rechte Arm und das von ihr weggewendete Gesicht sprechen aus, was seine Seele bewegt. Er hat sich entschlossen, jede Gemeinschaft mit ihr zu lösen, mit Schmerz, aber auch zugleich mit dem Gefühle des Pilatus, als er seine Hände wusch, überlässt er sie, wegschreitend, sich selbst und ihrer Schuld. Und die Verführerin? Fühlt sie, wie der Gatte, die Grösse des Unheils, das sie angestiftet? Nur wenig. Sie blickt wohl nachdenklich auf das corpus delicti, den verhängnissvollen Apfel, welchen sie in der Hand hält, und scheint das Damals und das Jetzt mit einander zu vergleichen; aber das Gefühl, das sie vorzugsweise beherrscht, ist der Trotz, der sie nicht daran denken lässt, den forteilenden Gatten zurückzuhalten oder ihn durch einen flehenden Blick zur Milde zu stimmen. Die Kunst des Meisters, entgegengesetzte Affecte — hier Unschulds- und Schuldbewustsein, dort abwehrenden Trotz

---

[1]) Die Abbildung bei Bellermann (a. a. O. Taf. V, 1) ist kaum ein Schatten des Originals.

und zagendes Eingestehen zu einem wirkungsvollen Ganzen zu vereinen, zeigt sich in diesem Bilde in ihrer höchsten Vollendung. Zwischen beide Figuren hat der Künstler, an das Vorausgegangene leicht erinnernd, einen Baum — ohne Schlange — gestellt. Denn, wie schon bemerkt, ist nicht der Moment unmittelbar nach dem Sündenfall zur Darstellung gebracht, sondern eine Scene, die in den zwischen Vers 7 und 8 des 3. Kap. der Genesis liegenden Zeitraum einzufügen ist.

Fragment einer männlichen Figur. Ein in eine Tunika gekleideter Mann, in schreitender Bewegung, presst mit der Linken einen Korb oder eine Schale an die Brust, während die Rechte wie bei einem Werfenden halb ausgestreckt ist. Rechts von ihm befand sich eine zweite Figur, die, nach dürftigen Spuren der Beine zu schliessen, in laufender Bewegung gewesen sein muss. Das Bild ist zu fragmentarisch, als dass es sich mit irgend welcher Sicherheit bestimmen liesse. Mir scheint es eine Darstellung der Parabel vom Sämanne zu sein; die Schale, oder was für ein Gefäss es sein mag, und die Bewegung des rechten Armes wie der ganzen Figur legen diese Erklärung nahe. Die rechts davoneilende Gestalt wäre dann der Böse (ὁ πονηρός), der das an den Weg Gesäete raubend davonträgt (ἁρπάζει Matth. 13, 19) [1].

Die thurmbauenden Jungfrauen [2]. Aus einer Ebene erhebt sich ein im Bau begriffener Thurm, an dessen rechter Seite ein Thor mit Halbbogen sich öffnet. Vor demselben sind zwei in Tuniken gekleidete Jungfrauen beschäftigt, Steine herbeizutragen; eine dritte steht auf dem Mauerwerke selbst und scheint die ihr von

---

[1] Es wäre dies freilich das einzige Beispiel, dass diese Parabel in der altchristlichen Kunst dargestellt wäre, da der Samen streuende Mann auf einem Grabsteine im Museo Kircheriano doch wohl nur auf den Stand des Verstorbenen hinweisen soll.

[2] Abgebildet bei Bellermann a. a. O. Taf. V, 2, aber ungenau; so fehlt das Thor ganz.

den Gefährtinnen gereichten Steine dem Baue einzufügen. Das Bild steht an Zeichnung und Ausführung den genannten völlig gleich; die Jungfrauengestalten sind mit ausserordentlicher Anmuth und Leichtigkeit der Bewegung ausgestattet. Die schon von Bellermann vorgetragene und später von Garrucci[1]) wieder aufgenommene Behauptung, dass hier eine Scene aus dem „Hirten des Hermas", einer Schrift des zweiten Jahrhunderts, bildlich dargestellt sei, ist meiner Ansicht nach durchaus unhaltbar. Die Situation, welche das erwähnte Buch schildert[2]), und die in diesem Bilde aufgenommen worden sein soll, ist folgende: auf einer grossen Ebene, die von zwölf Bergen eingefasst ist, erhebt sich in der Mitte ein hoher Fels, viereckig (quadrata), mit vier Pforten. Um die eine derselben standen zwölf Jungfrauen in leinener Tunika..... Darauf erschienen sechs ehrwüdige Männer, die eine Menge Leute herbeiriefen und ihnen befahlen, über jenes Thor einen Thurm zu bauen. Auch die Jungfrauen betheiligen sich nach einer Aufforderung der sechs Männer am Bauen, aber nur insoweit, dass sie den Bauenden die Steine reichen[3]). Im Widerspruch mit dieser Erzählung zeigt das Bild die Pforte, welche der Verfasser in dem Felsen eingehauen sah, in dem Thurme, der auf diesem Felsen errichtet wurde, und statt der zwölf Jungfrauen, die aus dem Innern des Felsens die Steine herbeischaffen und den bauenden Männern reichen, nur drei Jungfrauen, von denen zwei von aussen Baumaterial herbeitragen, und die dritte selbst baut. Zu diesen Differenzen tritt noch der Umstand, dass nach dem Zeugnisse des Hieronymus der „Hirt des Hermas" den Kirchen des

---

[1]) Bellermann a. a. O. S. 77. Garrucci a. a. O. S. 113.
[2]) Hermae Pastor lib. III Sim. IX cap. 1—4. Vol. I, S. 114 ed. Cotel. Auch lib. I visio III c. 2 wird ein Thurmbau erwähnt, der aber „über den Wassern" von sechs Jünglingen ausgeführt wird, also für die Erklärung des Gemäldes gar nicht in Betracht kommen kann. S. Seite 79 ed. Cotel.
[3]) „.... atque ita universos lapides pertulerunt eosque per portam translatos aedificantibus, sicut jussae erant, tradiderunt." a. a. O. cap. 4.

Abendlandes so gut wie gar nicht bekannt war¹). Die streng judenchristliche Richtung, die dieses Buch vertritt, war gewiss wenig geeignet, ihm im Abendlande, und besonders in einer durchaus heidenchristlichen Gemeinde, wie die neapolitanische war, solche Geltung zu verschaffen, dass die kirchliche Kunst aus demselben Motive geschöpft hätte. Diese Gründe veranlassen mich, die gewöhnliche Erklärung zurückzuweisen, obgleich ich durchaus nicht in der Lage bin, eine bessere an ihre Stelle zu setzen, da die altchristliche Kunst keine einzige analoge Darstellung bietet. Dass das im Bau begriffene Gebäude die Kirche überhaupt oder eine bestimmte Kirche repräsentirt, kann keinem Zweifel unterliegen; im Neuen Testamente findet sich ja diese Vergleichung vielfach ausgesprochen (z. B. Ephes. 2, 20. Matth. 16, 18), und der Verfasser des „Hirten" hat nur ein seinen Zeitgenossen geläufiges Bild mit einigen individuellen Zügen ausgestattet. In welchem Verhältnisse aber die drei Jungfrauen zu dem Baue stehen, wird sich kaum noch mit Sicherheit bestimmen lassen. Sollte das Bild vielleicht eine specielle Beziehung auf die Gründungsgeschichte der neapolitanischen Kirche haben, und in der Tradition²), welche die erste Ausbreitung des Christenthums in dieser Stadt der Vermittelung einer Frau Namens Candida zuweist, eine Reminiscenz erhalten sein, dass bei der Gründung und dem Aufbau der Kirche von Neapel Frauen eine wichtige Rolle gespielt haben, was ja in der Kirchengeschichte keineswegs ohne Analogie ist?

Ausser am Plafond haben sich in der oberen Reihe der Arcosolien einige Malereien erhalten. So sehen wir

---

¹) Hieronymus, Catal. in Script. eccl. .... παρὰ τοῖς Ῥωμαίοις ἄγνωστος εἶναι δοκεῖ. Wenn derselbe Kirchenlehrer sagt, dass das Buch in einigen Kirchen des Morgenlandes öffentlich vorgelesen werde, so steht damit die häufige Citation, welche der „Hirt" bei den griechischen Theologen gefunden hat, in völliger Uebereinstimmung. Dagegen berufen sich die Abendländer höchst selten auf diese Schrift.

²) Vita S. Asprenatis primi Episc. Neap. bei L. Parascandolo, Memorie storiche — critiche — diplomatiche della Chiesa di Napoli, Vol. III, S. 175 ff.

auf der Hinterwand einer Nische, deren Innenflächen mit Vasen, Delphinen, Seepferdchen und Blumen geschmückt sind, einen in eine Tunika gekleideten Jüngling mit ausgebreiteten Armen, wahrscheinlich Daniel unter den Löwen, wenn auch die untere Partie des Bildes zu verwischt ist, als dass man eine sichere Entscheidung fällen dürfte. Dagegen stellt in einem Arcosolium derselben Reihe das Fragment einer männlichen Figur inmitten zweier Delphine, mit Pallium und langem Stabe in der Linken, ohne Zweifel den guten Hirten dar und ist nicht, wie Garrucci will, als eine Illustration zu Joh. 5, worauf ein rechts von der Figur abgebildeter Baum mit Weinranken hinweisen soll, zu fassen. In einem Kreise des Plafonds erscheint ein mit Bändern und Blumen geschmückter Frauenkopf; die rechte Seitenwand ist mit Rosen decorirt, die linke jetzt ganz ohne Malerei. Neben diesen christlichen Darstellungen ist zum Schluss ein Bild durchaus heidnischen Charakters zu erwähnen: ein Ziegenbock, der, sein bekränztes Haupt rückwärts wendend, mit einem an seinen Rücken angelehnten Thyrsosstabe [1]) kokettirt — eine leichte, elegante Zeichnung und nicht ohne ein komisches Moment [2]). Die Hinterwand wird durch eine von zwei Seepferdchen — das eine mit einem Eselshaupte — begleitete Vase mit Blumen eingenommen, welche Bellermann freilich zu einem Hoffnungsanker christianisirt hat [3]). Die Seitenwände zeigen Reben-

---

[1]) Bei Bellermann (a. a. O. Taf. VI) ist derselbe zu einem „Hirtenstabe mit dem Hirtenkruge" geworden; vrgl. S. 77.

[2]) Auf antiken Malereien erscheint der Ziegenbock vielfach in komischen Situationen.

[3]) Bellermann a. a. O. Taf. VI; vrgl. dazu S. 77: „Dieses Nischenbild ist von der Hand eines andern, weniger geschickten (?) Malers, doch sind die Darstellungen sinnreich; fast in allen liegt ein christlicher Gedanke und eine Beziehung auf Tod und Unsterblichkeit, wie im vorhergehenden Abschnitte die Bedeutung des Ankers, der Fische, der Taube, des Weinstocks und des Bocks angegeben worden ist." Charakteristisch für die Weise, wie man heidnischen Sujets christliche Ideen aufzwingt, sind die nachfolgenden Worte des Verfassers: „Die auf der anderen Seite des Nischenbogens befindlichen Darstellungen, Rosen und darüber Granatbaumzweige oder Mohn, kommen sonst auf

gewinde, Blumen und einen Vogel (linke Innenwand). In den übrigen Arcosolien sowohl dieses Hinterraumes als auch der tiefer gelegenen vorderen Abtheilung hat sich keine Malerei erhalten.

Als im Jahre 1838 unter der Leitung de Jorio's eine links vom Eingangsthore der zweiten Katakombe befindliche vermauerte Thür geöffnet wurde, stiess man auf ein Cubiculum, das durch Einfachheit der Architektur wie der Decoration von den bis dahin bekannten Theilen der Katakomben sich durchaus unterschied und das bei dem Mangel epigraphischer Denkmäler älteren Datums durch eine Reihe von Inschriften — sämmtlich sogenannte Dipinti, durch Zinnober hergestellt — besonders wichtig ist. Dasselbe war später zur Anlage neuer Grabstätten benutzt worden und durch die zum Bau derselben verwendeten Ziegeln und Tufsteine bis zur Decke gefüllt; ein Theil ist auch jetzt noch nicht von Schutt gereinigt. Die Gallerieen sind niedrig und eng, die dieselben begleitenden Gräber grösstentheils Arcosolien, nur hier und da Loculi. Die Decoration, die sich gut conservirt hat, weist keine einzige christlich-symbolische oder biblische Darstellung auf, sondern in einfacher Anordnung und Ausführung Vögel, Muscheln, Delphine, Granatäpfel, Früchte und Vasen.

Auf den Innen-, zuweilen auch auf den Aussenwänden lesen wir die Namen der Todten [1]), die mit Zinnober auf die Decoration aufgetragen sind, und zwar mit geringer Sorgfalt, denn die Horizontale ist oft verlassen, die Namen sind bald höher bald tiefer angebracht, und zuweilen tritt

---

alten christlichen Grabbildern nicht vor. Soll auch in ihnen ein Sinn liegen, so wären vielleicht die Rosen das irdische Leben, das den Menschen hier erfreut, bis er in den Todesschlaf, der durch den Mohn angedeutet wird, versinkt, oder der Todesgott ihn ereilt, dessen strengen, von der Rückkehr zur Erde ausschliessenden Willen der Granatapfel (der Proserpina) andeuten könnte." Leider wird heute noch vielfach in derselben regellosen Weise interpretirt, wodurch denn ein wüstes Durcheinander widersprechender Meinungen geschaffen worden ist.

[1]) Dieselben finden sich in einem späteren Kapitel wiedergegeben.

der eine in den andern ein. Die schönen und correcten Buchstaben sind, mit Ausnahme des als Sigma benutzten C und des dreimal vorkommenden G, griechisch, in der classischen Form der Capitale; nur einigemal findet sich neben dem A die cursive Form desselben. Mit Ausnahme eines einzigen stehen sämmtliche Namen, die in der überwiegenden Anzahl lateinische sind, im Nominative und sind nie mit näheren Bestimmungen über Todestag, Alter, verwandtschaftliche Verhältnisse des Verstorbenen u. s. w., wodurch die späteren Inschriften charakterisirt sind, versehen, ein Zeichen ihres hohen Alters. Denn „die erste Klasse (der Grabinschriften) ist die der einfachsten Epitaphien, wo nur der Name des Hingeschiedenen gegeben ist: so liest man noch in S. Callisto: *CLAVDIANVS*, auf einem andern Steine: *EYCEBIA*, auf einem dritten *MAPKEΔINA*. Eine weitere Entwickelung bezeichnet schon die zweite Klasse, wo zugleich das Datum des Todes oder der Beisetzung angezeigt ist"[1]. Die Inschriften erscheinen noch primitiver als die des Coemeteriums der hl. Priscilla, welche mit Recht dem Anfange des zweiten Jahrhunderts zugewiesen werden.

Das Cubiculum scheint gleichzeitig mit dem Vorsaale angelegt worden zu sein; der gleiche Decorationsstil weist darauf hin. Wenn die Malerei des ersteren ärmer und einfacher ist, so erklärt sich dies dadurch, dass offenbar diese Räume für die weniger bemittelte Klasse der christlichen Gemeinde bestimmt waren, worauf [neben der niedrigen und engen Anlage auch der Umstand hinweist, dass in einigen Arcosolien mit 3 Gräbern 6—8 Namen verzeichnet sind, also ein Grab mehrere Leichen umschlossen hat, was nur bei ärmeren Verstorbenen denkbar ist. Sonst schimmert durch die Schmucklosigkeit und Flüchtigkeit der Malerei der Stil der anschliessenden Vorräume deutlich hindurch.

Die bis jetzt beschriebenen Räume der zweiten Katakombe, beziehungsweise die beiden Gänge, welche den Vor-

---

[1] Kraus Roma sott. S. 405; vrgl. S. 79.

saal vertiefen, wurden später zu einer grossartigen Anlage erweitert, die sich uns jetzt als die eigentliche Gallerie dieses Stockwerkes darstellt. Die Länge derselben erreicht nicht ganz die der ersten Katakombe, aber die Seitenwände rücken — in einer wechselnden Breite von 9—12 M. — weiter auseinander und werden in grösserer Höhe von dem Tonnengewölbe überspannt. Das aus einem Luminare in der Tiefe des Corridors hereinbrechende Licht hüllt diese Räume in ein geheimnissvolles Halbdunkel, das durch die hohen Tufsäulen, auf welche die Decke sich stützt, und die mannigfach gekanteten Seitenwände eine Schattirung von ausserordentlicher Wirkung gewinnt.

Die Länge des Corridors wird durch zwei Säulenpaare und ein Doppelthor in vier Abtheilungen zerschnitten. Innerhalb der ersten stellte nach dem Berichte des Johannes Diaconus der Bischof Paul II. während seines zweijährigen Exils eine Basilica her [1]), die in eine Gräberreihe der rechten Seite eingearbeitet wurde, wie noch jetzt deutlich sichtbare Spuren der damals zerstörten Gräber zeigen. Die Decke der Basilica, die sich noch sehr gut erhalten hat, schliesst mit ihrer rechten Langseite an das natürliche Gestein an, während die linke durch eine künstliche Mauer gestützt war; sobald diese fiel — denn sie existirt jetzt nicht mehr — sah man sich gezwungen, der Last der Einsturz drohenden Decke durch eine vor der Apsis hergezogene neue Mauer entgegenzuwirken. . Eine Anzahl von Marmortafeln sowie Stücke von Säulen aus gelbem Marmor, die de Jorio in diesem Raume fand, und die jetzt in dem Vorsaale der ersten Katakombe aufbewahrt werden, haben offenbar einen Theil der Verzierungen der Basilica gebildet. Im eigentlichen Umfange derselben haben sich von Gemälden nur noch die Bildnisse zweier Bischöfe erhalten, die vielleicht mit der Basilica selbst entstanden sind.

Das Brustbild des Bischofs Agrippinus, welches Bellermann und de Jorio noch sahen [2]), existirt jetzt nicht mehr.

---
[1]) Siehe S. 6 f.
[2]) Wie Letzterer berichtet, waren unter dem Bilde die Spuren

Einer älteren Zeit dagegen als die Basilica gehört das ausserhalb derselben befindliche Bild einer Frau an, die betend die Arme ausbreitet, während eine aus den Wolken gestreckte Hand einen Kranz auf ihr Haupt legt; links und rechts stehen zwei jugendliche Heilige mit Nimben. Das Bild scheint aus dem fünften Jahrhundert zu sein. Die rechts von der Basilica sich abzweigenden Corridore, die theilweise noch unzugänglich sind, bieten nichts Besonderes; dagegen ist ein in die linke Seitenwand der Hauptgallerie eingefügtes Cubiculum durch seine schöne Construction, die ihm bei den Führern den sonst ganz unbegründeten Beinamen „Sepolcro dei Sacerdoti" verschafft hat, bemerkenswerth. Es bildete ohne Zweifel die Begräbnissstätte einer vornehmen Familie. Neben dem Eingange zu derselben befindet sich in der eigentlichen Gallerie das Fragment eines Bildes, welches zu mancherlei Controversen Anlass gegeben hat: neben einem halb knieenden Jünglinge stehen zwei Frauen, die, wie auch jener, die Arme betend ausgebreitet haben. Während die neapolitanischen Archäologen auf diesem Gemälde die Ordination dargestellt sehen, war de Rossi geneigt, in dem knieenden Jünglinge einen Büssenden zu erkennen, der feierlich in die Kirchengemeinschaft wieder aufgenommen wird. Beide Hypothesen lassen das Vorhandensein von zwei Oranten unerklärt; denn die Kirche kann doch nur durch eine derselben repräsentirt sein. Viel näher liegt es, die drei Figuren als Glieder einer Familie, die hier ihre Ruhestätte hatte, zu bestimmen, worauf auch zwei ähnliche Darstellungen in dieser Gallerie hinweisen.

---

einer älteren Malerei sichtbar. Die Umschrift war in dieser Form abgefasst:
>   S   AGR †
>   C (Haupt) IPPI †
>   S   NVS

S. de Jorio, a. a. O. S. 77; Parascandolo, Memorie della Chiesa di Nap. Tom. I, S. 23.

Die zweite Abtheilung des Corridors, die durch je ein Säulenpaar eröffnet und abgeschlossen und auf beiden Seiten von grösseren und kleineren Cubiculen begleitet wird, kann mit ziemlicher Sicherheit als der Ort bezeichnet werden, an welchem Paul II. das marmorne Taufbecken aufstellen liess [1]). Nicht nur der Bericht des Johannes Diaconus, sondern auch das marmorne Taufbecken, welches in einer dem einen Pilaster des Hintergrundes eingefügten Nische gefunden wurde [2]), gewährt dieser Annahme eine gute Stütze.

Die beiden letzten Abtheilungen der Gallerie werden durch einen von zwei Thoren begleiteten compacten Pilaster geschieden; die frühere Breite verengt sich, die Decke tritt tiefer herab. Während die Gallerie selbst an der Senkung des Hügels ihren natürlichen Abschluss findet, zweigt sich von ihrer linken Seitenwand ein Nebencorridor ab, der in ähnlicher Weise wie der linke Ausläufer der unteren Gallerie durch einen zweiten zerschnitten wird und zuletzt zu paralleler Richtung mit der Hauptgallerie sich umwendet. In diesen Nebengängen, welche offenbar zuletzt angelegt wurden, lässt sich das Verfahren, welches die Fossores bei der Anlage der Gallerieen befolgten, deutlich beobachten. Wenn dieselben einen Gang öffneten oder vertieften, so schnitten sie links und rechts, in der für den Corridor bestimmten Breite, tiefe Rinnen in den Tuf ein, um dann das dadurch von der übrigen Masse isolirte Felsstück mit gröberen Instrumenten zu zertheilen.

Die grossartigen Dimensionen dieser in ihrer Anlage äusserst einfachen Gallerie sind zum Theil das Werk einer späteren Zeit, die den ursprünglichen Bau zu erweitern unternahm. Um für den Corridor eine grössere Breite zu gewinnen, wurde die rechte Seite desselben tiefer in

---

[1]) Siehe S. 6. Anders freilich Garrucci, Civiltà Cattolica, Serie VIII, vol. V. S. 541.
[2]) Dasselbe wurde, nachdem man seine ursprüngliche Gestalt etwas verändert, in der neuen Hospitalkirche, wo es sich jetzt noch befindet, aufgestellt.

den Tuffelsen hineingedrängt und dadurch eine Anzahl schon existirender Gräber zerstört oder verkürzt, wie jetzt noch wahrzunehmen ist.

Am rücksichtslosesten verfuhr man in dieser Beziehung bei Herstellung der Basilica, welche jedoch, wie die Malereien beweisen, in eine viel spätere Zeit fällt. Dagegen blieben die beiden letzten Abtheilungen der Gallerie von der Neuerung fast ganz verschont, da die Erweiterungsarbeiten kurz hinter dem Schlussportale der zweiten Abtheilung sistirt wurden. Der Umbau geschah ohne Zweifel in einer Zeit, wo die Kirche, durch die staatliche Anerkennung zum Vollbewusstsein ihrer Macht und ihrer Mission erhoben, entsprechend dem Glanze der neu entstehenden Basiliken, auch ihre Begräbnissstätten nach dem durch die geänderten Verhältnisse geschaffenen Maasse umzugestalten sich für verpflichtet hielt. Auch erforderte die im 4. und 5. Jahrhundert zum höchsten Missbrauche sich entfaltende Unsitte, an den Gräbern der Angehörigen, in Nachahmung der heidnischen Parentalien, Symposieen zu feiern[1]), für die sich vergrössernde Gemeinde grössere Räume.

Die Bezeichnung triclinium, welche Johannes Diaconus für die von Paul II. erbaute Basilica aufbewahrt hat, weist noch auf die Bestimmung der Räume hin. Aber nicht nur der erweiterte Bau, sondern auch die ursprüngliche Anlage gehört einer späteren Zeit an als die untere Gallerie: die Arcosolien sind flüchtiger und nachlässiger gearbeitet, die Loculi noch mehr verdrängt, und, was das

---

[1]) Vrgl. Augustin, opp. ed. Bened. Venet. Tom. II ep. 22 ad. Aurelium: „comessationes enim et ebrietates ita concessae et licitae putantur, ut in honorem etiam beatissimorum Martyrum non solum per dies solemnes, sed etiam quotidie celebrentur... Sed feramus haec in luxu et labe domestica,.... saltem de sanctorum corporum sepulcris, saltem de locis sacramentorum, de domibus orationum tantum dedecus arceatur"; a. a. O. epist. 29: „... quoniam de basilica beati Apostoli Petri (in Rom) quotidianae vinolentiae proferebantur exempla." — Paulinus von Nola, Poema XXIV; de S. Fel. Natal. carm. IX v.v. 559–579. — Siehe Bingham, orig. eccl. tom. X S. 69.

Entscheidende ist, keines der erhaltenen Bilder geht über das 5. Jahrhundert zurück. Die mit Malereien verzierten Gräber, die sich sämmtlich innerhalb der beiden letzten Abtheilungen der Gallerie, die von dem späteren Umbau unberührt geblieben sind, befinden, sind folgende:

Das Grab der Vitalia. Auf der Hinterwand des Arcosoliums ist die Verstorbene in betender Stellung mit ausgebreiteten Armen abgebildet, links und rechts von ihrem Haupte ein aufgeschlagenes Buch mit folgenden Aufschriften:

IOAN   MAR   MATH ..
NIS   CVS   TEVS ..

Der Name des Lukas ist jetzt ausgelöscht. Mit den beiden Büchern wird angedeutet, dass die hier Begrabene in gläubiger Zustimmung zu den Heilswahrheiten, wie sie besonders in den vier Evangelien enthalten sind, gelebt hat und gestorben ist. Unter der Figur, welche über ihrem Haupte das Monogramm ☧ trägt, liest man:

BITALIA   IN PACE [1]).

Das Grab des Laurentius. Im Gegensatz zu der frommen Vitalia hat ein Christ Namens Laurentius — die Identität desselben mit dem Diaconus der römischen Kirche, welche vielfach behauptet wird, ist völlig unerwiesen — statt auf das Evangelium auf die Fürbitte und die Vermittelung des Apostels Paulus sich gestützt. An den Pforten des Paradieses, welche durch zwei Pilaster angedeutet werden, empfängt er von diesem die Krone der Gerechtigkeit (2 Tim. 4, 7, 8; 1 Cor. 9, 25). Paulus, mit ernsten, strengen Zügen, hält in der Linken eine Rolle, das Zeichen des Lehramtes; die Rechte ist zu einem mahnenden Gestus erhoben. Der Saum seines Palliums wie desjenigen des Laurentius hat das Zeichen T, welches erst seit dem 4. Jahrhundert erscheint. Um die Häupter der beiden Figuren ist geschrieben

PAVLVS   LAVRE ntius.

---

[1]) Unrichtig Bellermann: H. R. *ITALIA IN PACE* a. a. O. S. 83.

Eine ähnliche Darstellung findet sich auf der entgegengesetzten Wand derselben Krypte; sie ist offenbar eine Copie des ersten Bildes; nur steht Paulus rechts, und sein Gesicht trägt etwas veränderte Züge.

Das Grab des Proculus. Die Hinterwand zeigt das Bild eines bartlosen Jünglings, der über eine Tunica mit langen Aermeln einen weiten Mantel trägt, welchen über der Brust zwei Knöpfe zusammenfassen. Zwei Candelaber deuten den Eingang zum Paradiese an; die Umschrift lautet:

HIC REQVIISCE PROCVLVS
T

Das Grab des Eleusinius. Dasselbe ist mit dem kunstlosen Bilde eines Heiligen, der rechts und links ein aufgeschlagenes Buch mit simulirter Schrift hat, geschmückt. Um das Haupt herum steht geschrieben

SCE MEM HELEVSINIVS

Das Gemälde ist weit später als das fünfte Jahrhundert.

Das Grab der Cominia und ihrer Tochter Nicatiola. Mutter und Tochter haben sich in ihrem Sterben der Fürbitte des hl. Januarius anvertraut. Derselbe steht mitten zwischen ihnen in betender Stellung, das Haupt von einem einfachen Nimbus mit den Buchstaben A und Ω und dem Monogramm ☧ umrahmt. Neben ihm weisen zwei Candelaber darauf hin, dass er nach dem Glauben der Eigenthümerinnen des Grabes in das Paradies einführt; auch die Dativform

SANCTO MARTYRI IANVARIO

soll die Hingabe der Frauen an ihn und seine Fürbitte ausdrücken. Die Inschriften, welche über das Haupt der Mutter und der Tochter geordnet sind, lauten:

HIC REQVIESCIT   *HIC REQVIESCIT BENEM*
  BENEMERENS   *RENS IN PA*   *CE CO*
IN PACE NICATIOLA   *MINIA*
     INFANS

Die Bilder der Apostel Petrus und Paulus.
Paulus ist auf der rechten, Petrus auf der linken Innenwand des Arcosoliums abgebildet; die Züge beider Apostel sind hart und leblos, der Farbenton grell. Die Frage, ob sich in der altchristlichen Kunst Portraits dieser Apostel erhalten haben, ist eine müssige, da sie sich nie entscheiden lassen wird. Jedenfalls tragen diese Köpfe ganz andere Züge als z. B. das bekannte Bronzemedaillon der vaticanischen Bibliothek, dessen Bildnisse als die ältesten Portraits der beiden Apostel angesehen werden.

Das Grab der Familie des Theotecnus. Das Grab umschloss Vater, Mutter und Tochter, wie aus dem Gemälde der Rückwand ersichtlich ist, welches die drei Todten, mit zum Gebet ausgebreiteten Armen, darstellt. Rechts von dem Vater, der über eine reich gestickte Tunika die von kostbarer Fibula zusammengehaltene Damatica trägt, steht das kaum drei Jahre alte Töchterchen Nonnosa in perlenbesäetem Kleide, über welches ein mit Edelsteinen verzierter Gürtel sich legt; auch das Haar und die tief herabhängenden Ohrringe sind mit Perlen geschmückt. Einfacher erscheint die Mutter. Jedenfalls bildete dieses Arcosolium die Grabstätte einer reichen, vornehmen Familie. Der Kunstwerth des Bildes ist übrigens ein geringer; die Zeichnung ist hart, besonders in der Gewandung, die steif geordnet ist, und die Anlage des Ganzen zeugt von einem Mangel künstlerischen Sinnes. Dagegen zeigen die Köpfe eine stark ausgeprägte Individualität, was beweist, dass das Vermögen des Künstlers über das eines guten Portraitmalers nicht hinausging. Die Inschriften sind folgende:

ILARI AS· VIX AN XLV THEOTECNVS VIX·AN·L
NONNOSA·   VIX·AN·II M X

Um das Ganze rahmen sich die Worte:

matER Deposita...theotecnVs DEPOSITVS EST NONAS IANVARIAS+, welche den Tag der Beisetzung jedes Einzelnen der Verstorbenen angaben. Zum Schlusse ist noch die Grabstätte eines Unbekannten zu erwähnen, die mit dem Monogramme ⳨, versehen ist, zu welchem rechts und links eine Ente aufmerksam aufschaut. Es ist wahrscheinlich, dass der Hingeschiedene oder vielmehr die beiden Hingeschiedenen das Cognomen Anas führten.

Von allen diesen Bildern wird sich kaum eines über das fünfte Jahrhundert zurückdatiren lassen; die verschiedenen Gestaltungen des Monogramms Christi, welche sie aufweisen, die Form wie der Inhalt der Inschriften, mit denen die meisten versehen sind, vor allem aber die Zeichnung, welche durchgehends einen strengen, stereotypen Charakter bekundet, geben genügende Indicien an die Hand, ein solches Urtheil zu fällen. Einige der genannten Malereien, z. B. die Bilder der Apostel, das Gemälde vom Grabe der Cominia, die Darstellung des hl. Eleusinius liegen sogar noch weit diesseits des fünften Jahrhunderts.

Viertes Kapitel.
Die vierte und die fünfte Katakombe.

Aus dem in der linken Seitenwand der zweiten Gallerie sich öffnenden, oben erwähnten Cubiculum führt ein schmaler Gang zu einem um die Apsis der neuen Hospitalkirche sich hinziehenden Gärtchen; das rechts durch eine schroff abfallende Hügelwand begrenzt wird. Dieses günstige Terrain ist zu der Anlage zweier Katakomben benutzt worden, die aber beide, nachdem sie in grossartiger Construction begonnen waren, nur zum geringsten Theile vollendet wurden. Entsprechend dem Verhältniss der ersten und der zweiten Katakombe sind sie in ungleichem Niveau, als Erdgeschoss und erstes Stockwerk, nebeneinander geordnet. Das letztere, um einige Stufen über die Bodenfläche des Cubiculums erhoben [1]), wird durch zwei gewaltige viereckige Pilaster in zwei Abtheilungen geschieden. Die Anlage zeigt eine ausserordentlich unregelmässige Construktion, die durch die Veränderung, welche eine spätere Zeit vornahm, verschuldet sein mag: auffallend tiefe Arcosolien neben ganz schmalen, regellos eingefügte Loculi und Spuren unvollendeter Arbeit machen dies wahrscheinlich. In dem ganzen Raume, der eine durchschnittliche Breite von 7 Metern, ebensolche Höhe und eine doppelt so grosse Tiefe hat, sind nur zwei Nischen mit Malereien zu bemerken. Die eine ist mit hübschen Arabesken und Muscheln und am Plafond mit einem Vogel geschmückt; die andere, mit Eingangssäulchen verziert, zeigt auf der Hinterwand

---
[1]) Doch lag das ursprüngliche Niveau der Katakombe, wie man mehrfach deutlich sehen kann, etwas tiefer als das gegenwärtige.

das Bild eines Pfaues, auf den übrigen Flächen Früchte, Blumen und Guirlanden. Dieses Bild ist weit jünger als das erstere, welches ganz den Charakter der Decorationen des Cubiculums trägt und ohne Zweifel in derselben Zeit entstanden ist. Auch die Bauart des hinteren Raumes der Katakombe, in welchem sich das genannte Arcosolium mit dem Pfau befindet, weicht von derjenigen der vorderen Abtheilung erheblich ab, erweist sich demnach auch hierdurch als ein späteres Werk.

Die vierte Katakombe, welche einige Schritte von der eben genannten entfernt angelegt ist und passend als erstes Piano derselben gefasst wird, befindet sich im Zustande völligen Verfalls: durchsickerndes Wasser hat von der mehrfach gespaltenen Decke grosse Felsstücke losgelöst, das ursprüngliche Aussehen der Katakombe ganz verändert und das Niveau um fast einen Meter gehoben; die Hospitalverwaltung ihrerseits hat in dieser Trümmerstätte, welche die Phantasie der Führer bereits zu einer Behausung von Füchsen und Schlangen umgestempelt hat, einen passenden Ort für Ablagerung von Schutt und Unkraut erkannt.

Dicht hinter dem jetzigen, gegen 5 Meter breiten Eingange wurde die Decke durch zwei Pilaster gestützt, von denen aber nur noch die oberen Partieen erhalten sind. Den jenseits derselben liegenden Raum scheidet eine schmale Felswand in zwei Abtheilungen, die durch ein Thor in Communication stehen. Die Arcosolien sind an Grösse und Tiefe verschieden, aber es zeigt sich auch hier, dass die Construction des vorderen Raumes der Katakombe sorgfältiger und kunstvoller ist als diejenige der weiter zurückliegenden Abtheilung; wahrscheinlich haben wir dasselbe Verhältniss wie in der dritten Katakombe, dass nämlich eine ältere Anlage später erweitert wurde. Die Malerei, welche den Kalkbewurf bedeckte, ist durch die Feuchtigkeit gänzlich zerstört worden; nur in der Höhe des Einganges haben sich einige blaue und hellrothe Farbenschimmer erhalten, deren Ton an die Decoration des Cubiculums erinnert.

Fünftes Kapitel.
Alter der Katakomben. Inschriften.

Wie über die ersten Schicksale der Christengemeinde von Neapel jegliche geschichtliche Notiz fehlt, so sind auch Jahrhunderte vergangen, ehe die Begräbnissstätte derselben in der lückenhaften und unzuverlässigen Chronik eines Clerikers zum ersten Male genannt wird. Somit kann die Frage nach dem Alter der Katakomben nicht auf Grund äusserer historischer Zeugnisse zur Entscheidung gebracht werden, sondern allein mit denjenigen Hülfsmitteln, welche die Coemeterien selbst an die Hand geben. Hier kommen in erster Linie die Inschriften in Betracht. Freilich ist keine einzige derselben datirt, wie ja datirte Inschriften überhaupt selten sind, aber die Wissenschaft der altchristlichen Epigraphik, obgleich noch in ihrer ersten Entwicklung begriffen, hat doch bereits eine Reihe von Kriterien gewonnen, nach denen sich die Zeit einer Inschrift mit ziemlicher Gewissheit bestimmen lässt. Dass die Katakomben von San Gennaro, im Missverhältniss zu ihrer Ausdehnung, so wenige Epitaphien aufweisen, hat wohl hauptsächlich seinen Grund in der barbarischen Verwendung, welche im 15. Jahrh. bei der Restauration der Hospitalkirche mit den Marmortafeln gemacht wurde, die als geeignetes Material zur Herstellung des Fussbodens der Kirche erschienen. De Jorio hat nur Weniges und nur Fragmente zu retten vermocht; ausserdem existiren viele der damals von ihm notirten Inschriften nicht mehr, und

50 Die Inschriften.

seine Copieen selbst sind, wie ich mehrfach beobachtet habe, nicht ganz zuverlässig. Daher sind in nachstehendes Verzeichniss nur einige der von ihm mitgetheilten Inschriften aufgenommen worden, und zwar solche, die mir vor das 5. Jahrh. zu fallen schienen. Dazu kommen noch einige Epitaphien aus der kleinen Sammlung des Museo Nazionale, die ohne Zweifel aus den Katakomben stammen, obgleich der genauere Fundort jetzt nicht mehr nachgewiesen werden kann.

Die interessantesten und ältesten Inschriften repräsentirt das Seitencubiculum der zweiten Gallerie. Es sind folgende:

1.
ΓΑΒΕΙΑΝΟC
CABEINA
EΠΙΠΟΔΙC

2.
ΠΑΥΔΑ
CABEIN.
CABEINOS

3.
ΙΔΑΡΟC
ΕΥΊΥΧ.

4.
ΓΑΒΙΑΝΟC
ΠΡΕΙΜΟC
ΔΑΜΠΑΔΙC
...OC

5.
ΙΟΥCΤΑ
...A

6.
ΟΥΙΚΤΩΡΙΝΟC
NECTΩPIANOC

7.
KYPEIΔΔΙOS
EYTYXIA

8.
..OYHPA
BPEICHIΔOC

9.
..TIO
C
ΦΡΟΥ
ΚΤΩ
COC

10.
ΠΑΡΑΔΙΑ
ΑΝΝΙΑ

Die Inschriften. 51

11.
AΘANACIC

12.
NEIKH
XPYCIC

13.
TEP
TYΔ
ΔOC

14.
IOYΛIA

15.
IANOYAPIA
EYTYXHC

16.
MAKPEIANOC
ΔPΩCIMH

17.
ΦHΔEIKICCIMA
ΔYΓOYPEI
NA
ΠANTAΓAΠH
EYKAPΠH

18.
IΔAPOC

19.
KOYPOYPIAPΩ
ΦHΔEIKICCIMA
..ΓΔAC..

20.
NEIΔOC
ΓAΔA..Δ
CEOYHPOC

21.
ΦAPA'
KHC
POYΦEINA
AΓΔΘONEIK.

22.
LIAP..A
..AEPΔ.

23.
OYEITΔΔIC
MΩKOCΞENOC

Die kurzgefasste Form, die schönen Schriftzüge, welche nur einigemale in dem A den bereits auf pompejanischen Graffiti's wahrzunehmenden Uebergang der Capitale zur Cursive zeigen, und der Umstand, dass kein einziger der Namen ein ausschliesslich christlicher ist, sichern diesen Epitaphien ein sehr hohes Alter; gewiss gehören sie der

4*

ersten Hälfte des zweiten Jahrhunderts an. Seltsam und bis jetzt beispiellos ist der Name *KOYPOYPIAPΩ*, der einzige ausserdem, welcher im Dative steht. Die im Museo Nazionale (n. 1838) aufbewahrte Grabschrift
VRSAE IN PACE
lässt sich wohl demselben Jahrhundert zuweisen.

Zwischen diesen und den übrigen noch erhaltenen Epitaphien der Katakomben liegt eine Lücke von fast zwei Jahrhunderten; das einfache Formular erscheint jetzt durch Hinzufügung des Alters, des Todestages des Verstorbenen, des Datums seiner Beisetzung bedeutend bereichert, die Orthographie fehlerhaft, die Form der Buchstaben incorrect und schwankend, mit einem Worte, die Inschriften tragen die Merkmale, durch welche die Epitaphien seit dem Beginn des vierten Jahrhunderts gekennzeichnet sind. Ich führe einige auf:

ENΘΑΔΕ ΚΕΙΤΑΙ
ΧΑΡΙΤΩC ΑΖΗ
CACA ETH IJ HM ΛΓ
ΑΝΕΠΑΥCATO
ΠΡ·I ΚΑΔ ΜΑΙ·

Bellermann S. 83; de Jorio Tav. IV. n. 3. Die in Stücke gebrochene Inschrift wird in dem Vorsaale des Erdgeschosses aufbewahrt; aus welchem Theile der Katakomben sie stammt, ist nicht mehr festzustellen.

SITA FAUSTINA
uXOR FRUENTIS
annOS XXX MEN IX DIE X

De Jorio Tav. IV. n. 6. Bemerkenswerth ist das unciale *U*, für welches sich das erste Beispiel auf einem Epitaph in S. Paolo fuori le mura (J. 398) findet [1]).

D   M
INCENIOSAE
QVE VIXIT ANNIS

---

[1]) Vergl. de Rossi, Inscr. christ. I, n. 467; Kraus, Rom. sott. S. 401.

IIII·M·V·DIES·XXI·FI
DE PERCEPIT MESO
RVM VII·AUR·FORTV
NIVS PATER FILIAE

Mus. Naz. n. 1986. Das *D* (is) *M* (anibus), welches dem Heidenthume entlehnt ist, findet sich sonst höchst selten auf Epithaphien des vierten Jahrhunderts[1]), welcher Zeit nach Inhalt und Orthographie die Inschrift unzweifelhaft angehört.

CALLINICVS PLA
CIDINE CONIUGI
DVLCISSIME DEP
PR·ID   SEP

EVFRAXI
..A....
MERITAE

Mus. Naz. n. 1860 und n. 1861.

in pace aetERNA· HIC·REQVIECET RVFINVS
qui vixit anNOS·PLVS MINVS XX
dulCISSIMO BENEMERENTI
MAIAS

(Bild einer Taube auf einem Zweige.)

De Jorio Tav. IV. n. 2.

UIXXIT RVFI
NA
ANNOS LV
ET FILIA IP
ʕEIVS
XXXVII

Pelliccia a. a. O. S. 152. Bellermann S. 72: „Gleich beim Eintritt in den Hauptgang (die erste Gallerie) hat sich an einem einfachen Mauergrabe ein Theil des davorgestellten Deckels mit seiner Kalkbekleidung erhalten, und man bemerkt darauf die Fragmente von zwei weiblichen Brustbildern. Die Inschrift, die mit rother Farbe auf den Kalk-

---

[1]) De Rossi, Spicil. Solesm. III, 551.

überzug geschrieben ist, bezeichnet das Grab einer Mutter mit ihrer Tochter..... Die kunstlose Malerei besteht fast nur aus dicken, farbigen Umrisslinien und deutet, sowie die Sprache und Orthographie der Inschrift auf eine spätere Zeit, etwa das fünfte oder sechste Jahrhundert." Ich führe diese Worte Bellermann's an, weil Malerei und Inschrift jetzt ganz verschwunden sind. Uebrigens ist es fraglich, ob er die Inschrift richtig gelesen. Dass *EIVS* durch ein Wort — den Namen der Tochter — von *FILIA*, wozu es doch gehört, getrennt gewesen sei, scheint mir undenkbar. Wahrscheinlich ist statt dessen *ANNOS* zu lesen.[1])

Aus diesen aufgeführten Inschriften, deren kleine Zahl sich nur durch einige unbedeutende, von de Jorio aufbewahrte Fragmente und wenige Epitaphien des sechsten und des siebenten Jahrhunderts vermehren liesse, gewinnen wir zuerst einen bestimmten Gesichtspunkt zur Feststellung des Alters der Katakomben[2]). Die zuletzt mitgetheilten Epitaphien freilich haben nur insofern einen Werth, als sie in Gemeinschaft mit den Inschriften auf den Malereien der zweiten Gallerie den fortdauernden Gebrauch der Coemeterien im fünften und in späteren Jahrhunderten constatiren; dagegen kommen bei der Entscheidung der Hauptfrage: wann wurden die Katakomben angelegt? allein die Epitaphien des Cubiculums in Betracht. Wenn dieselben, wie früher bemerkt, dem Anfange des zweiten Jahrhunderts zugewiesen werden müssen, so ergiebt sich für diejenigen Räume, welche einer früheren Bauperiode als das Cubiculum angehören, als Zeit der Entstehung mindestens das

---

[1]) De Jorio, welcher später als Bellermann schrieb, las:
VIXIT M
P
ANNOS LV
ETFILIA IP
EIVS
XXXVII
Vrgl. De Jorio a. a. O. S. 70.

[2]) De Jorio fand in dem unteren Ambulacrum auch einige Ziegeln mit Marken, die aber durchaus keine Zeitbestimmungen enthielten.

Ende des ersten Jahrhunderts. Es sind dies der Vorsaal des unteren Stockwerkes und die sich ihm anschliessenden Seitenräume [1]. An diese reiht sich zunächst der Vorsaal der zweiten Gallerie mit seiner veränderten Gräberform, dann das Cubiculum und die vorderen Abtheilungen der dritten und der vierten Katakombe. Dieses Verhältniss der Räume zu einander wird durch eine Vergleichung der in ihnen erhaltenen Malereien bestätigt. Die älteste Malerei weisen die Vorkammern der ersten Gallerie auf. Wenn ich für dieselbe das erste Jahrhundert beanspruche, so geschieht es nicht in der Weise eines regellosen Verfahrens, dem der Wunsch die Hypothese gebiert, sondern auf Grund minutiöser Vergleichungen, die ich, durch die Umstände begünstigt, zwischen diesen und den pompejanischen Fresken in Beziehung auf Zeichnung, Farbe und Technik mehrfach angestellt habe; ich kann nur wiederholen, was gelegentlich schon bemerkt wurde, dass nämlich die Bildchen, welche die Felder ausfüllen, und die Flächentheilung selbst, sich in Pompeji in solcher Aehnlichkeit und Uebereinstimmung wiederfinden, dass man sich des Gedankens, Copieen zu sehen, nicht erwehren kann: wir haben hier jedenfalls die intacte heidnische Kunst. Eine weitere Entwickelung bezeichnet das Deckengemälde im Vorsaale der zweiten Gallerie: in die heidnische Sphäre treten jetzt zum ersten Male christliche Figuren, doch noch schüchtern und in eine durchaus untergeordnete Stellung. Aber der Stempel der Meisterschaft ist auch diesem Werke aufgeprägt. Einer der bedeutendsten Kenner altchristlicher Kunst, auf dessen Urtheil ich mich gern berufe, der Pater Garrucci, hat über die Darstellung Adam's und Eva's, welche dem Decorationsganzen eingefügt ist geäussert: „in den römischen Coemeterien giebt es keine Figur, die mit diesen beiden, welche einen so reinen Stil und eine solche Vollendung zeigen, einen Vergleich aushalten könnte" [2]. Dagegen haben die Malereien,

---
[1] Vrgl. S. 18.
[2] Raff. Garrucci, Storia dell' arte crist. Vol. II, S. 112.

mit welchen die Arcosolien dieses Raumes geschmückt sind, an Feinheit der Zeichnung bereits eingebüsst und nähern sich dem handwerksmässigen Stile des Cubiculums und der älteren Theile der vierten und der fünften Katakombe. Jünger als alle diese Räume sind die beiden Gallerieen, von denen die untere sammt ihren Parallelcorridoren zuerst angelegt wurde, wie Architektur und Malerei beweisen. Dagegen scheint die Vertiefung der dritten und der vierten Katakombe gleichzeitig mit der Herstellung der oberen Gallerie begonnen zu sein.

Die Frage, ob die ursprüngliche Ausdehnung des Coemeteriums von San Gennaro noch ältere, bis jetzt nicht aufgedeckte Theile umfasst habe, kann selbstverständlich nur durch Ausgrabungen zur Entscheidung gebracht werden, ist aber von Scherillo mit solcher Entschiedenheit bejaht worden [1]), dass sie hier nicht übergangen werden kann.

In der kleinen Basilica bemerkt man gleich rechts vom Eingange im Fussboden einen langen, schmalen Spalt, der durch Gebeine und Schutt völlig ausgefüllt ist; hier soll der Eingang zu einer unter dem jetzigen Erdgeschosse liegenden Gallerie, der Katakombe des hl. Agrippinus sein. Scherillo beruft sich für diese seine Behauptung auf das Zeugniss der alten Kirchenchroniken, welche die Basilica mehrfach als „ecclesia S. Januarii Martyris et Agrippini Confessoris" bezeichnen. Aber dieser Doppelname hat sich erst im Laufe der Zeit gebildet: anfangs führte das Coemeterium, seitdem es den Leichnam des hochgeehrten, wunderthätigen Agrippinus aufgenommen, den Namen dieses sechsten der neapolitanischen Bischöfe, bis der Mätyrerruhm des hl. Januarius den alten Schutzpatron verdrängte und der Name des Agrippinus, den die Katakomben oder die Basilica noch eine Zeitlang neben dem des mächtigeren Heiligen trugen, schliesslich ganz verschwand, und die Bezeichnung „ecclesia S. Januarii"

---

[1]) Scherillo a. a. O. S. 69 ff.

die ausschliesslich herrschende wurde [1]). Historisch ebenso werthlos als diese Zeugnisse ist in dem Berichte des Subdiakonen Petrus über die Wunder des hl. Agrippinus die Notiz, dass ein gelähmter Mensch Namens Maurus am Grabe des Heiligen plötzlich geheilt wurde und durch sein Freudengeschrei die zu einer Festfeier des hl. Januarius versammelte Volksmenge herbeigerufen habe, welche „descentes ad ejus (scl. Agrippini) tumulum, invenerunt hominem, quem ante adtractum viderant et toto corpore alligatum, solutis genibus, erectum· stantem, ipsumque altare amplexu tenentem et osculantem u. s. w." [2]). Nicht einmal der, welcher auf legendengläubigem Standpunkte steht, kann hieraus einen Beweis für die Existenz einer tiefer gelegenen Katakombe entnehmen, da in der Erzählung durchaus nicht angegeben ist, wo die Gemeinde, die zu dem Paralytischen hinabstieg, versammelt war. Es ist sogar wahrscheinlich, dass der Verfasser der von ungeheuerlichen Wundern berichtenden Schrift sich als Ort der Versammlung eher die grösseren Räume der zweiten Gallerie als die enge Basilica des Januarius gedacht hat.

Eine ernstere Behandlung als diese Beweismittel verdient der Bericht, welchen, wie schon früher erwähnt, der Canonicus Celano über seine Wanderung in den Katakomben, die er im Jahre 1649 besuchte, hinterlassen hat [3]). Der Verfasser sagt ausdrücklich, dass er drei Stockwerke gesehen. Schon de Jorio hat die Richtigkeit dieser Notiz in Zweifel gestellt. Celano hat das, was er von und in den Katakomben gesehen, erst viel später niedergeschrieben, und da er auch gewisse Schwächen mit dem miles

---

[1]) So bezeichnet Joh. Diac. die Basilica nur einmal mit dem Namen beider Bischöfe, sonst immer mit demjenigen des hl. Januarius. Diese Bezeichnung hat sich ja auch allein für die neue Hospitalkirche und das Hospital selbst erhalten.

[2]) Petrus Subdiaconus Eccl. neap., De miraculis S. Agripp. Ep. neap. § X bei Parascandolo, Memorie della Chiesa d. Nap. Tom. I. S. 184 ff.

[3]) Carlo Celano, Notizie della Città di Napoli, Ausgabe von Chiarini, Nap. 1860, Vol. V, S. 309 ff.

gloriosus theilt, erklärt sich leicht, wie in seinen Bericht so viel Unrichtiges und Abenteuerliches eindringen konnte. So ist er der Urheber eines Märchens, welches noch lange in den Köpfen der späteren Topographen gespukt hat und auch heute noch aufgetischt wird, dass nämlich die Katakomben von S. Gennaro mit den Coemeterien von Maria della Sanità, Maria della Vita, S. Severo und S. Efremo ein grosses unterirdisches Netz bildeten[1]), und ist naiv genug zu erzählen, dass er mit drei Freunden den Verbindungscorridor zwischen unseren Katakomben und denen von Maria della Sanità und S. Severo durchwandert habe, während doch die beiden letzteren Kirchen von dem erstgenannten Coemeterium durch einen tiefen Thaleinschnitt geschieden sind. Gleich unmöglich ist eine Verbindung zwischen S. Maria della Vita, S. Efremo und S. Gennaro, da die Richtung der Gallerieen von Anfang an von diesen beiden Kirchen sich entfernt. Celano verleiht in seinem Berichte offenbar nur der populären Vorstellung Ausdruck, welche sich die Coemeterien verbunden dachte und, wie ich gefunden habe, heute ihr damaliges Maass so weit überholt hat, dass sie die Katakomben von S. Gennaro bis nach dem über zwei Stunden entfernten Pozzuoli sich erstrecken lässt. Auf einen in seinem Urtheile so flüchtigen und unzuverlässigen Beobachter aber kann sich keine wissenschaftliche Beweisführung berufen; meiner Ansicht nach ist der Bericht Celano's für die Katakombenforschung überhaupt völlig werthlos. Aber selbst wenn in seine Worte volles Vertrauen zu setzen wäre, so bleibt immer noch die Frage offen, ob er nicht unter dem ersten Piano das in unserer Darstellung als fünfte Katakombe bezeichnete Coemeterium verstanden habe, dessen Niveau über zwei Meter tiefer als die erste, als Erdgeschoss bezeichnete Gallerie liegt.

---

[1]) Die älteren Topographen der Stadt dagegen geben die Katakomben als getrennte an, vrgl. z. B Caracciolo, Napoli sacra, Nap. 1624; Capacius, Neapolit. Historia, Neap. 1607, S. 429.

Sechstes Kapitel.
Der christliche Ursprung der Katakomben.

Wie auf dem Gebiete der römischen Katakombenforschung fast ein Jahrhundert lang um die Frage gerungen wurde, ob dieselben eine ursprünglich und ausschliesslich christliche Anlage oder nur die Erweiterung alter Steinbrüche und Sandgruben seien, bis die beiden de Rossi aus der Construction der Grabstätten das verwirrt gewordene Recht der ersteren Ansicht glänzend erwiesen, so ist die Theilnahme des Heidenthums an dem Bau der neapolitanischen Coemeterien schon früher von Bellermann und jüngst noch entschiedener von Scherillo geltend gemacht worden und hat sich allmählig zur herrschenden Ansicht emporschwingen können.

In der That scheinen die Figuren des bacchischen Kreises, die uns hier entgegentreten, die Panther, die Steinböcke, die Masken, die Genien mit Becher und Weinlaub, den Gedanken eines christlichen Ursprunges dieser Malereien auszuschliessen [1]. Dazu fehlt in vielen ganz abgeschlossenen Darstellungen — so in dem grossen Vor-

---

[1] Seitdem die Orphiker die Idee des thrakischen Dionysos-Zagreus, des Repräsentanten der dem Tode verfallenden und wieder aufblühenden Natur, in die eleusinischen Mysterien eingeführt, wurde diese Auffassung des Gottes unter den Griechen bald sehr verbreitet und eine beliebte Darstellung auf Sarkophagen und Grabgemälden, wo sie auf das aus dem Tode erstehende Leben hinwies. Es ist nicht unwahrscheinlich, dass in Unteritalien, wo der Pythagoräismus grossen Einfluss ausübte, mit diesen Darstellungen aus dem Leben des Dionysus auch die Idee der Seelenwanderung verbunden wurde, welche ja an

räume der ersten Katakombe — jegliche Spur eines specifisch christlichen Merkmals, mit welchem der Künstler, wenn auch nur verstohlen, seine Zugehörigkeit zur christlichen Gemeinde oder das Besitzrecht der letzteren auf sein Werk angedeutet hätte. Das links von dem Vorraume der zweiten Katakombe sich abzweigende Cubiculum zeigt unter seinen Namen keinen einzigen ausschliesslich christlichen, wohl aber den gewöhnlichen heidnischen Grabesschmuck, den Granatapfel, die Muschel und den Mohn. Da wo der Weinstock mit Reben erscheint, wird die Beziehung auf Christus jedesmal durch das Ganze der Darstellung, der er zugehört, negirt, und z. B. in die Figuren des Steinbocks — mit gesuchter Beziehung auf Psalm 42,2 — des Delphins und des Seepferdchens eine symbolische Bedeutung zu legen, wie Bellermann thut, ist ein Verfahren post festum, eine fruchtlose Cirkelbewegung. Es ist einfach anzuerkennen, dass der grössere Theil der Decorationsfiguren, die wir oben dem ersten Jahrhundert zuwiesen, dem christlichen Ideenkreise fern liegt und eine nachträgliche Symbolik entschieden abweist.

Diesen Thatsachen gegenüber hat Scherillo die Behauptung aufgestellt und zu begründen gesucht[1]), dass die Vorräume sowohl der ersten als auch der zweiten Katakombe ursprünglich heidnische Begräbnissstätten gewesen seien, die später von den Christen in Besitz genommen wurden, und zwar der Vorsaal der unteren Gallerie, als diese selbst angelegt wurde, derjenige der oberen Katakombe, als diese schon existirte und in Gebrauch war. Als die Christen im Innern des untern Vorraumes das erste Ambulacrum eröffneten, haben sie nach der Auffassung Scherillo's zuerst die heidnischen bacchischen Decorationen, welche ihnen Anstoss erregten, mit christlichen Malereien überdeckt. Dann, als sie die zweite Katakombe construir-

---

die Vorstellung eines stets von neuem sterbenden und wieder erstehenden Gottes leicht anknüpfen konnte. Heilig waren dem Dionysos Luchs, Esel, Panther, Tiger, Bock und Delphin, der Epheu und die Rebe.
[1]) A. a. O. S. 31 fl.; vrgl. S. 25.

ten, stellten sie, den heidnischen Vorsaal ignorirend, durch Anlage zweier Treppen, die aus dem Erdgeschosse nach oben führten, eine directe Verbindung mit dem neuen Corridor her, und erst viel später wandelten sie den heidnischen Begräbnisssaal in einen Vorraum der Katakombe um, damals nämlich, „als die Thyrsustäbe, die Panther, die Löwen, die Steinböcke und die übrigen bacchischen Darstellungen für sie keine dem christlichen Glauben entgegengesetzte Bedeutung mehr hatten, sondern für einfache, durch die Laune geschaffene Ornamente gehalten wurden, und Bacchus und Ariadne ihnen als Adam und Eva erschienen". Scherillo sieht nämlich in den Gestalten Adam's und der Eva, die den Figuren des Plafonds eingereiht sind, Darstellungen des Bacchus und der Ariadne [1]) und in den drei thurmbauenden Jungfrauen Bacchantinnen oder Frauen, die ein Todtenopfer bringen. Mag nun auch für das letztgenannte Bild eine genügende Erklärung noch nicht gefunden sein [2]), und das Fragment des vorwärts schreitenden Mannes sich nicht mehr bestimmen lassen, so ist doch durch die genaue gewissenhafte Prüfung des ersten Gemäldes, welche Garrucci anstellte, sicher erwiesen worden, dass die beiden Figuren wirklich nur Adam und Eva darstellen sollten. Die Bilder ferner des guten Hirten und Daniel's unter den Löwen, die unverkennbar derselben Zeit wie das Deckengemälde angehören, und die von Scherillo mit Stillschweigen übergangen worden sind, erheben den christlichen Ursprung dieser Malereien über allen Zweifel, wobei es gleich-

---

[1]) Eine nähere Begründung dieser Behauptung wird von dem Verfasser nicht gegeben; er begnügt sich mit dem kategorischen Ausspruche: „l'altra pittura si spiega da se stessa per un Bacco ed Arianna, o per due baccanti", a. a. O. S. 29.

[2]) Jedenfalls ist es nur aus dem Drucke einer vorgefassten Meinung erklärlich, einen Thurm mit deutlich sichtbaren Zinnen und hohem Eingangsthor als einen heidnischen Opferaltar zu bestimmen. Der Vorwurf der Ungenauigkeit und Unzuverlässigkeit, welchen Scherillo gegen die Bellermann'schen Copieen erhebt, trifft gerade in den hier entscheidenden Punkten nicht zu, wie die späteren, genaueren Zeichnungen Garrucci's klar legen.

gültig bleibt, ob damit ein „profano e sacrilego miscuglio" gesetzt werde ¹) oder nicht. Wie ferner aus dem Umstande, dass der die zweite Katakombe mit dem Vorraum verbindende Gang den grossen Corridor in einem Winkel trifft, ein Beweis entnommen werden kann dafür, dass die beiden Räume ursprünglich ganz geschieden waren, ist schwer einzusehen. Offenbar hat es ursprünglich gar nicht in der Absicht der Erbauer des Vorsaals gelegen, eine der unteren Gallerie entsprechende Anlage herzustellen; erst als man sich viel später dazu entschloss, diesen Raum sammt dem ihn vertiefenden schmalen Gange zu einem grösseren Werke auszubauen, änderte man die Richtung, indem man wohlweislich vermied, die neue Katakombe dahin fortzuführen, wo sie einen grossen Theil der unteren Gallerie bedecken und beschweren musste. Die Unregelmässigkeit des Baues beruht also auf rein technischen Gründen. Dieselbe Maassregel wurde auch in den römischen Katakomben beobachtet ²). Wenn man ausserdem beachtet, dass der vordere Theil der Gallerie durch die Bauten Paul's II. ganz und gar verändert worden ist, und dass ein zweiter, jetzt verschlossener Verbindungsgang aus dem Vorsaale in das Ambulacrum führte, so stellt sich die Curve als eine weit unbedeutendere dar.

Wenn somit der christliche Ursprung des oberen Vorraumes als unzweifelhaft sich ergiebt, so folgt daraus ein Gleiches für die Vorräume der unteren Katakombe, die, obgleich sie einer älteren Entwickelung angehören, dennoch, wie wir sahen ³), mit ersterem zusammenzufassen sind. Wie man die zweite Malerei des Vorsaals, von der genug erhalten ist, um sie als ein kunstloses Werk des 8. Jahrh's. zu documentiren, mit Bildern, wie dem des guten Hirten, des Propheten Jonas u. a. in eine Zeit versetzen kann, wie Scherillo thut, ist schlechterdings unbegreiflich. Dass

---

¹) Scherillo a. a. O. S. 27.
²) Vrgl. Kraus, Roma sott. S. 345.
³) Siehe S. 54 f.

dieselben durch Jahrhunderte geschieden sind, muss auch dem laienhaftesten Blicke sofort klar werden[1]). In anderer Weise als Scherillo lässt Bellermann das Heidenthum an der Herstellung dieser unterirdischen Bauten betheiligt sein[2]): unter dem Einflusse römischen Wesens und römischer Verfassung sei in Campanien die alte Sitte, die Todten zu beerdigen, allmählig durch die Leichenverbrennung verdrängt worden. „Die alte Nekropole, in welcher wir durchaus keine Columbarnische für Aschenkrüge finden, hörte auf, gebraucht zu werden." Die christliche Gemeinde habe dieselbe dann erwählt, um ihre Todten darin zu bergen. „Die Nothwendigkeit zwang sie, jeden sich darbietenden entlegenen und versteckten Ort dazu zu gebrauchen und die natürliche Scheu zu überwinden, die eine schon einmal benutzte Grabstätte haben konnte." Wie Bellermann selbst gesteht, ist es ausschliesslich die grossartige Anlage der Katakomben, die ihn dazu drängt, in ihnen ein Werk heidnischer und christlicher Arbeit zu sehen. Aber von einem Missverhältnisse zwischen dem Vermögen der neapolitanischen Gemeinde und diesen umfangreichen Bauten kann deshalb keine Rede sein, weil wir über die Grösse der Gemeinde und die ihr zu Gebote stehenden Mittel durchaus nichts wissen. Wenn es aber gestattet ist, von späteren Verhältnissen auf frühere zu-

---

[1]) A. a. O. S. 109 ff.
[2]) Auch in den trefflichen „Studii sui Monumenti dell' Italia Meridionale dal IV al XIII secolo" (Napoli 1871) von Demetrio Sanlazaro wird der heidnische Ursprung eines Theiles der Katakomben festgehalten (Fascicolo I Seite 5), ohne dass jedoch die Frage näher berührt würde. Wie mir der Verfasser persönlich mittheilte, ist er durch die Darstellungen zweier cervi fallichi, die im Vorraume der ersten Katakombe unter der späteren Malerei sichtbar wurden, in seiner Vermuthung bestärkt worden, und auch de Rossi, der früher entschieden für den christlichen Ursprung der Coemeterien in ihrer ganzen Ausdehnung aufgetreten sei, habe in Folge dessen die Frage für eine noch offene erklärt. Aber gewiss kann der Phallus in einem Decorationsganzen, das aus der heidnischen Kunst ohne irgendwelche Aenderung herübergenommen wurde, nicht die Bedeutung haben, welche Herr Sanlazaro demselben beimisst. Es war mechanische Nachahmung heidnischer Vorbilder, und nicht ein unreiner Gedanke, die dieses Bild schuf.

rückzuschliessen, so scheint das Christenthum in Neapel schon frühzeitig zahlreiche Bekenner gefunden zu haben. Denn als Konstantin der Kirche den Frieden gab, erhoben sich in Neapel sofort mehrere prächtige Kirchengebäude, und die Bischöfe der Stadt zählten bald zu den angesehensten in Italien. Aber es bedarf dieses Rückschlusses nicht einmal. Sind, was unzweifelhaft feststeht, die Katakomben von San Gennaro in ihrer jetzigen imposanten Grösse das Resultat einer Arbeit verschiedener Generationen, und gehört nur ein kleines Stück derselben, der untere Vorsaal mit seinen Seitenräumen, der ersten Periode der auf dieses Coemeterium gerichteten Bauthätigkeit an, so ist damit den Bedenken Bellermann's jegliche Stütze entzogen. Dazu kommt noch, dass das zu bearbeitende Material dem Fossor nur sehr geringe Schwierigkeiten bot. Wer Gelegenheit hat zu beobachten, mit welcher Leichtigkeit und Schnelligkeit nur wenige Arbeiter, oft mit ungenügenden Hülfsmitteln, in den Tuffelsen weite und tiefe Schachte anzulegen vermögen, wird gewiss kein Bedenken tragen, einer, wenn auch ganz kleinen, Gemeinde die Herstellung der genannten Räume zu vindiciren. Und dass die Stellung der Gemeinde zu der heidnischen Bevölkerung eine solche gewesen wäre, dass erstere für ihre Begräbnissstätte einen „entlegenen und versteckten Ort" hätte wählen müssen, wird einfach dadurch widerlegt, dass die Gemeinde dies in Wirklichkeit nicht gethan hat. Denn eine Jedermann bekannte Nekropole mit weiten Gallerieen und Vorräumen, dazu in der Nähe der Stadt und der heidnischen Gräber, wäre zu ängstlichem Versteck sicherlich nicht der geeignete Ort gewesen. Auch standen ja die christlichen Coemeterien unter dem Schutze der römischen Gesetze, der ihnen nur in seltenen Fällen entzogen wurde [1] und solche Vorsichtsmaassregeln unnöthig machte.

Es ist aber überhaupt ein unvollziehbarer Gedanke,

---

[1] Das erste Beispiel ein Edict Valerian's vom Jahre 257. Vrgl. F. X. Kraus, Roma sott. S. 59.

dass die Christen der ersten Jahrhunderte eine heidnische Begräbnissstätte, die, selbst wenn sie beraubt und. lange Zeit unbenutzt gewesen wäre, doch noch zahlreiche Reliquien der in ihr begrabenen Todten bergen musste, sich angeeignet hätten. Diese unterirdischen Räume, welche — im Sinne eines afrikanischen Kirchenlehrers zu reden [1]) — der Greuel und Götzendienst heidnischer Todtenbestattung und Todtenopferung befleckt und verabscheuungswürdig gemacht hatte, waren ihnen eine Sphäre, welche die Ruhe ihrer Todten, die Reinheit ihrer Gebete nicht umhüllen durfte. So will der mit Tertullian streitende Christ zwar im Zusammenleben mit den Heiden die Freiheiten. welche Gewissen und Evangelium ihm nach seiner Auffassung gestatten, ungeschmälert ausüben, aber das Zusammenruhen mit ihnen im Tode erkennt auch er als unerlaubt an [2]). Noch entschiedener, und gewiss als Ausdruck des allgemeinen christlichen Bewusstseins klingen die Worte: „wir verabscheuen nicht weniger die Tempel als die Grabmäler" [3]), welchen in treffender Weise der Vorwurf des Heidenthums sich anschliesst: „vor Tempeln haben sie (die Christen) einen Abscheu wie vor Leichenbrandhäusern" [4]). Es ist sehr bezeichnend für diese Anschauung, dass der spanische Bischof Martialis seine Trennung von der Kirche dadurch äusserlich manifestirt, dass er seine Kinder mitten unter heidnischen Todten beisetzen lässt [5]).

Nicht minder als die religiösen Bedenken der Christen steht die weitgehende Pietät, welche das Heidenthum seinen Todten entgegentrug, den Hypothesen Scherillo's und Bellermann's entgegen. War die Nekropole nun auch öde und

---

[1]) Tertullian de spect. cc. 12, 13.
[2]) Tert. de idol. c. 14: „Es ist erlaubt, mit den Heiden zu leben; mit ihnen zu sterben und als Todte zu verweilen nicht." Die Worte sind nicht als Urtheil Tertullian's, sondern als Zugeständniss des Gegners zu fassen.
[3]) Tert. de spect. c. 13.
[4]) Min. Fel. Oct. c. 8.
[5]) Cyprian, Epist. LXVIII.

wüste und empfing seit Jahrhunderten nicht mehr den Opferzug der Priester und die Festmahlsgenossen, welche heilige Jahrestage herführten, so blieb sie im Gedächtniss der Bevölkerung doch immer die ehrwürdige Todtenstadt, über welche die Beisetzung des ersten Todten für immer den unzerreissbaren Schleier der „religio", der heiligen Scheu und Unverletzbarkeit gezogen hatte [1]). Und selbst wenn die allgemeine Erinnerung an sie im Laufe der Zeit dahingewelkt wäre, der Obhut des Pontificalcollegiums, welcher das Gesetz alle Begräbnissplätze unterstellt hatte, damit keine sacrilegische That Manen und Götter erzürne, wäre sie gewiss nicht entrückt worden. Wenn in Unteritalien, wie vielfach beobachtet worden ist, die Raubgier oft genug das Heiligthum altgriechischer Gräber missachtete und entehrte, so konnte dies wohl die angemaasste Allmacht römischer Beamten ungestraft thun, aber einer wehr- und machtlosen Christengemeinde hätte man das Recht der Unverletzbarkeit eines Grabes nimmermehr geopfert.

Erst in späteren Jahrhunderten scheinen, besonders in Sicilien, — doch fehlen noch genauere Untersuchungen — heidnische Begräbnissstätten von den Christen in Besitz genommen worden zu sein [2]). Wie das vierte Jahrhundert, das der Kirche mit der staatlichen Anerkennung eine Menge von Namenchristen und ein gutes Stück heidnischen Wesens zubrachte, auch in der christlichen Malerei und Sculptur einen auffallenden Synkretismus einleitete, der neben der dem Bade entsteigenden Venus das Monogramm Christi [3]) und auf einem christlichen Sarkophage die Sirenen abbildete [4]), so schwand auch in Ansehung heidnischer Begräbnissstätten und heidnischen Cultes überhaupt die ängst-

---

[1]) Marcianus, Digest. I. 8, 6, § 4: „religiosum locum unusquisque sua voluntate facit, dum mortuum infert in locum suum.
[2]) Bellermann a. a. O. S. 101 ff.
[3]) S. Piper, Myth. u. Symb. d. christl. Kunst. I, S. 123.
[4]) Dazu stimmt trefflich die Exegese des hl. Maximus, der in dem Schiffe des Odysseus ein Vorbild der Kirche sieht (Homil. 1 de cruce Domini).

liche, vorsichtige Scheu, welche in diesem Allen Theile des weiten Gebietes der Idololatrie gesehen hatte. Aber der Geist der ersten Jahrhunderte, nicht nur derjenige einzelner Kirchenlehrer, sondern auch der der Gesammtheit der Gläubigen, hätte sich dieser Weitherzigkeit ebenso wenig gefügt, wie das Pietätsgefühl des Heidenthums für seine Todten eine solche Besitzergreifung zugelassen hätte.

Siebentes Kapitel.
Berührungen zwischen altchristlicher und heidnischer Kunst.

Die Frage nach dem Verhältniss der altchristlichen Kunst zu der heidnischen ist erst in den letzten Jahren nach heftigen Controversen und diametral entgegengesetzten Urtheilen fast allgemein so gelöst worden, dass die heidnische Kunst als das Gewand angesehen wird, in welches der neue Lebensinhalt vorerst gekleidet erscheint [1].

„Zunächst ging man offenbar nur darauf aus, die Hauptfiguren, welche den christlichen Gedanken darstellen sollten, zu schaffen: alles Accessorische entlehnte man der Kunst, inmitten deren man aufgewachsen war. Der religiös christliche Charakter eines Bildes war also durch das biblische oder symbolische Sujet gegeben; alles Andere, der gesammte Entourage, bestand aus rein decorativen Figuren und Zeichen, wofür man die Formen der classischen Kunst ohne alles Bedenken nachahmte, aus Vögeln, Guirlanden, Fruchtkörben, Blumenvasen, phantastischen Köpfen, geflügelten Genien, Personificationen der Jahreszeiten u. s. w."[2]. Diesem Urtheile, das in den Ergebnissen der römischen Katakombenforschung eine feste Stütze hat, lassen sich die Malereien des Coemeteriums von S. Gennaro nicht einfügen. Wenn nach dem Sinne desselben eine autochthone christliche Kunst von ihren Uranfängen an aus dem bunten

---

[1] S. z. B. Lübke, Grundriss der Kunstgeschichte, Stuttgart 1873, S. 231 ff.
[2] Kraus, Roma sott. S. 191.

Markte heidnischer Kunstproduction in souveräner Unabhängigkeit sich ausgewählt haben soll, was sie bedurfte, um zu dem vollen, ungetheilten Ausdruck ihrer Ideen zu gelangen, wenn sie das wesentlich Bestimmende, die heidnische Kunst das absolut Bestimmte, blos Accessorische sein soll, so wird sie in einen Rahmen eingezwängt, der für ihr factisches Gebiet bei weitem zu klein ist. Wo in den römischen Coemeterien heidnische Typen zur Verwendung kamen, geschah es freilich immer in der Weise, dass dieselben in der Wirkung des Ganzen als etwas Nebensächliches, als ein blosses Hülfsmittel erschienen, während der christliche Gedanke in dem Brennpunkte der Einzeleffecte als das bestimmende Princip ungeschmälert zum Ausdruck gelangte. Aber dieser Entwicklungsstufe ging eine andere voraus, welche durch das Deckengemälde des Vorraumes der zweiten Katakombe repräsentirt wird. Auch hier haben sich wie in den römischen Coemeterien heidnische und christliche Sujets aneinandergereiht, aber das Verhältniss hat sich umgekehrt gestaltet: das Christliche tritt in eine rein heidnische Sphäre ein, und zwar in eine für das Ensemble der Darstellung secundäre Stellung. Die heidnische Kunst theilte den Raum nach ihren Principien, nahm die Ausschmückung der Mittelfläche und der Mehrzahl der um dasselbe gereihten Felder in Anspruch und gestattete den christlichen Darstellungen nur vier weit von einander geschiedene dürftige Räume, um schliesslich das Ganze ihrerseits wieder mit ihren eigenen Figuren zu umrahmen. Das Christliche tritt somit in der Gesammtwirkung durchaus zurück; es kann daher nicht überraschen, wenn es in dem älteren Deckengemälde des unteren Vorraumes und in den anliegenden Kammern gar nicht mehr erscheint, womit also eine Periode gekennzeichnet wird, in welcher die Kunst der Kirche oder vielmehr dieser Gemeinde die intacte heidnische Kunst war.

Diese Thatsache entspricht genau den Gesetzen geschichtlicher Entwicklung. Dass die ersten Christen — hierin Erben des Judaismus — gegen die Kunst, in welcher ihnen der Götzendienst verkörpert erschien, eine entschiedene Abneigung gezeigt hätten, ist ein falscher Schluss von der Minorität einzelner Kirchenlehrer auf die Gesammtheit der Gläubigen. Die chiliastischen Ideen freilich, welche die Kirche in dem ersten und dem zweiten Jahrhundert ganz beherrschten [1]), mussten, indem sie über Alles den Schatten des Provisorischen warfen, den Gedanken monumentaler Schöpfungen nothwendigerweise erschweren und die Hoffnung, aus dem reichen Schatze des neuen Geisteslebens die Kräfte und Mittel für eine eigene Kunst gewinnen zu können, zurückdrängen. Aber das Hemmniss eines abstracten Dogmas erlag ebenso wie der Einfluss des bilderfeindlichen Judenthums dem realen Bedürfnisse einer Majorität, die, aus der Mitte einer kunstliebenden Bevölkerung gesammelt, auf eine ideale Gestaltung und Verschönerung des Daseins durch die Werke der Kunst in ihrem neuen Geistesleben nicht verzichten zu sollen glaubte.

Diesem Drange Genüge zu leisten, boten sich offenbar zwei Wege, die beide betreten wurden. Das eine Verfahren gründete sich auf einen principiellen Bruch mit der alten Kunst; seine Aufgabe war es, in der neuen Religion die noch verborgenen Quellen eines eigenen, selbständigen Kunstlebens, welches in Idee und Gestaltung etwas ganz Neues setze, zu eröffnen. Dass dieser Gedanke sich nur in beschränktem Maasse verwirklichen konnte, bedingten die unwandelbaren Gesetze geschichtlicher Entwicklung, die eine bestimmte Periode nie von dem Zusammenhange mit der ihr vorhergehenden dispensiren. „Un art ne s'improvise pas" ist ein berühmt gewordenes Wort Raoul-Rochette's. So musste dieses Verfahren nothgedrungen zu den alten Formen, die es theoretisch verworfen, zurückgreifen, aber das Neue, das Epochemachende, das es setzte, war, dass der christliche Gedanke diese herübergenommenen Hülfsmittel um sich als den bestimmenden Mittelpunkt

---

[1]) Ich verweise nur auf Barnabas, Hermae Pastor, Irenaeus, Tertullian.

gruppirte. Die christliche Kunst war damit in's Leben gerufen; ihre Selbständigkeit war zwar noch Ideal, aber die Verwirklichung desselben nur eine Frage der Zeit. Einen anderen Weg, sich eine Kunst zu schaffen, schlug die neapolitanische Gemeinde ein: hier war offenbar der Drang nach künstlerischer Gestaltung zu mächtig, als dass er die Langwierigkeit des erstgenannten Verfahrens hätte wählen und auf die Zukunft sich vertrösten lassen sollen. Statt an dem neuen Glaubensleben auf Gewinnung einer eigenen Kunst hin zu experimentiren, trugen die Künstler in entschlossener That das Alte unverändert in das Neue hinein, und die Gemeinde nahm keinen Anstand, dem ungetauften Kinde eine freundliche Aufnahme zu gewähren. Obgleich nun diese erste Kunstregung nichts mehr als eine mechanische Nachbildung schon vorhandener Formen war, so wurde sie doch für die nachherige Entwicklung bedeutungsvoll, einmal weil hier zum ersten Male die Kirche einer Kunst — welcher, war vorerst gleichgültig — willig ihr Heiligthum öffnete, dann aber weil damit ein Terrain gewonnen wurde, auf welchem den heidnischen Figuren versuchweise auch einmal ein christliches Sujet angereiht werden konnte, um so mehr, da der Geist der neuen Religion und das Leben in ihr dazu drängten. Dieser Versuch ist in dem Deckengemälde der zweiten Katakombe gemacht, dessen Ausführung nur wenig später als die Decoration des unteren Vorraums zu setzen ist.

Unter den mannigfaltigen Figuren, die das Octogon umrahmen, erscheinen zum ersten Male christliche Darstellungen, die aber in dem bunten Wechsel und dem Reichthume heidnischer Bilder durchaus zurücktreten. Trotz alledem war damit zur Schöpfung einer eigenen christlichen Kunst ein entschiedener Schritt gethan. Wie unbedeutend auch dieser Erfolg war, er musste unaufhaltsam weiter drängen, weil er dem Geiste und dem Wunsche der Gemeinde entsprach: das Resultat war die Ueberwindung des Heidnischen, das nun der neuen Herrin als dienende Magd zur Seite trat. Beide Wege führten also zu demselben Ziele, nur musste die letztere Entwicklung eher zu demselben gelangen und aus der Sphäre der heidnischen Kunst, die sie so lange geathmet, lebhaftere Reminiscenzen bewahren. Natürlich waren es immer bestimmt gestaltete Verhältnisse, welche dieses Verfahren, eine Kunst in die Kirche einzuführen, hervorriefen und bedingten. Der Gedanke der Universalität des Heils, welchen der Apostel Paulus zuerst erfasst und in harter Arbeit gewahrt hat, führte das Evangelium aus den Banden judenchristlicher Engherzigkeit in die Welt des Heidenthums. Seine Werbung, die sich anfänglich nur auf die untersten Klassen der Gesellschaft, auf die Sklaven, die Freigelassenen, die Handwerker beschränkte, durchbrach bald in mächtiger Revolution die Dämme und Schranken, mit denen ein entsagungsfeindlicher Egoismus und eine vornehme Weltbildung sich abgeschlossen hatten, so dass bereits im 3. Jahrh. ein christlicher Apologet auf zahlreiche Glaubensgenossen im Richter- und Senatorenstande, im Heere und selbst am kaiserlichen Hofe sich berufen darf[1]). Wie schon bemerkt, war die das Zeitalter charakterisirende Vorliebe für ausländische Götter und Culte dem Christenthume, das in den Schleier des Mysteriösen, der Arkandisciplin gehüllt auftrat, ausserordentlich günstig, wo es sich um Gewinnung von Bekennern in den höheren Ständen handelte. Zwar dass ein christlicher Vorsteher im Boudoir der vornehmen Römerin dem aufwartenden Isispriester, der weissagenden Jüdin, dem sterndeutenden Chaldäer sich zugesellt habe, ist nicht anzunehmen; aber das verborgene, stille Leben der Gemeinde, die mysteriöse Lehre von dem Hinsterben ihres Gottes zur Sühnung der Schuld der Menschheit, eine Idee, welche der übersatten Generation die ägyptische Religion so lieb gemacht hatte, dann auch der Zusammenhang des Christenthums mit der jüdischen Religion [2]) — die Juden standen hoch in der Damen-

---

[1]) Tertullian, Apol. c. 37; vrgl. c. 1; ad Scap. c. 5.
[2]) Tert., ad nat. lib. I c. 11: „nos quoque ut Judaicae religionis propinquos sub umbracula insignissimae religionis certe licitae."

welt! — eröffneten dem Evangelium zuerst die Salons der
römischen Gesellschaft. Es ist daher bezeichnend, dass
die ersten vornehmen Bekenner in Rom Frauen sind. Das
Eindringen des heidnischen Elementes aber leitete innerhalb der christlichen Gemeinde einen grossen Umschwung
ein: die Verhältnisse der Verwandtschaft, die Verpflichtungen des Amtes, die mannigfachen Beziehungen des
commerziellen und des industriellen Lebens, welche einen
grossen Theil der christlichen Gemeinde an ihre früheren
Glaubensgenossen knüpfte, führten dieselbe aus ihrer zurückhaltenden Abgeschlossenheit zu einem regen, wechselseitigen Verkehrsleben mit der heidnischen Bevölkerung.
„Wir sind keine Brahmanen," ruft ein christlicher Apologet dem anklagenden Heidenthume zu; „auch keine indischen Gymnosophisten, die in den Wäldern hausen und
das Leben negiren. Wir leben in dieser Welt so, dass
wir vom Forum, vom Markte, von Bädern, Buden, Werkstätten, Wirthshäusern, Jahrmärkten —. von keiner Art
des Verkehrs uns fernhalten. Wir treiben mit euch Schifffahrt und ziehen mit euch zu Felde, wir üben Gewerbe
und Handel wie ihr aus" [1]). Ein äusserst interessantes Beispiel dieser socialen Beziehungen zwischen Christen und
Heiden bieten die Verhältnisse der carthagischen Gemeinde
gegen das Ende des zweiten Jahrhunderts, die uns durch
Tertullian ziemlich genau bekannt geworden sind. In
Carthago verfertigten christliche Handwerker heidnische
Götzenbilder, vergoldeten Merkur- und Serapisstatuen und
arbeiteten am Bau von Jupitertempeln [2]). Ja, was fast
unglaublich erscheint, unter den Verfertigern von Idolen
befanden sich auch Glieder des geistlichen Standes [3]). Christliche Kaufleute handelten mit Weihrauch, der zum Opfer
bestimmt war, Christen feierten mit den Heiden die Saturnalien und die Kalenden des Januarius, illuminirten an

---

[1]) Tert., Apol. c. 42.
[2]) Tert., de idol. cc. 2 ff.; 5; 8.
[3]) Ebend. c. 7.

Staatsfesten, schwuren beim Herkules und stellten Schuldscheine mit heidnischen Eidesformeln aus; das Gewissen des christlichen Schulmeisters war weit genug, seine heidnischen Schüler in der Kenntniss der Göttergenealogieen zu fördern, das Fest der Minerva zu besuchen und heidnischen Neujahrsgeschenken nachzujagen [1]). Aber nicht nur die in ihrer äusseren Existenz auf die Heiden angewiesene und von ihnen abhängige christliche Bevölkerung Carthago's verkehrte in dieser Weise mit den Glaubensgegnern; auch vornehme Christen, die hohe Staatsämter bekleideten, scheuten sich nicht, im vollen Schmucke der Insignien ihrer Würde die an ihr Amt geknüpften Culthandlungen zu vollziehen [2]), und den angesehenen christlichen Damen wird Kostbarkeit der Schmucksachen, Eleganz der Kleidung, der Gebrauch der Schminke, das Tragen der Chignons bitter zum Vorwurfe gemacht [3]).

Es liegt nun durchaus kein Grund vor, in dieser Art des Verkehrs mit dem Heidenthume etwas der carthagischen Gemeinde Eigenartiges, sonst Beispielloses zu sehen; ohne Zweifel boten die socialen Zustände anderer Gemeinden der ersten Jahrhunderte mehr als einmal dasselbe Bild. Für die Kunstentwicklung innerhalb der Kirche mussten dieselben natürlich von grosser Bedeutung werden. Die Kunst einer Religionsgemeinschaft, die über Künstler verfügt, die Tag aus Tag ein in heidnischen Werkstätten nach heidnischen Modellen arbeiten, deren vornehme Glieder ferner den Unterschied zwischen der alten und der neuen Religion so wenig scharf zu fassen sich gewöhnt haben, dass sie innerhalb der letzteren die Formen der ersteren in weitgehender — man darf mit Recht sagen, unerlaubter Weise ausüben, kann nur ein treuer Spiegel dieses socialen Synkretismus sein: die Stufe blosser Nachahmung ist für

---

[1]) Tertull., de idol. c. 11—14; 15; 20; 23.
[2]) Ebend. c. 17; 18.
[3]) Tert., de cultu fem. lib. I cc. 2, 3, 8; lib. II cc. 6, 7, 11 lib. I c. 8.

sie eine conditio sine qua non. So darf mit Sicherheit vorausgesetzt werden, dass die erste Kunstthätigkeit der carthagischen Gemeinde über eine einfache mechanische Nachbildung nicht hinausgekommen ist, wie es zweifellos ist, dass da, wo diese einfache Herübernahme eines Vorhandenen stattfand, d. h. innerhalb der Gemeinde von Neapel, ein ebensolches synkretistisches Verkehrsleben die natürliche und nothwendige Voraussetzung einer so gestalteten Kunstentwicklung bildete.

Die grossartige Anlage, die reiche Ausstattung der ältesten Theile der Katakomben bezeugen dieser Gemeinde nicht nur ein hohes künstlerisches Interesse, sondern auch eine freie Verfügung über reichliche Mittel, um diesem Interesse Genüge zu leisten und ihren Todten eine würdige Ruhestätte gründen zu können; das Christenthum scheint somit in Neapel in den höheren, vermögenden Ständen Eingang gefunden zu haben, was für die Herstellung und die Erhaltung eines guten Einvernehmens zwischen der christlichen und der heidnischen Bevölkerung von grossem Einflusse sein musste. Die von den Alten gerühmte Gutmüthigkeit der Neapolitaner [1]) trat auf beiden Seiten zu diesen günstigen Verhältnissen fördernd hinzu, ich sage, auf beiden Seiten, denn wie zahlreiche entgegengesetzte Beispiele der ersten Jahrhunderte genugsam zeigen, beruhte die freundliche Stellung des Heidenthums zu den christlichen Gemeinden nicht zum Geringsten auf einem maassvollen Benehmen der letzteren selbst in Ansehung der entgegengesetzten Glaubensüberzeugung [2]). Wie der Bischof Severus von Neapel, ein Zeitgenosse des Ambrosius, aus einer dogmatisch zerrissenen und von dem Geiste christlicher Liebe verlassenen Zeit durch evangelische Milde erhaben hervor-

---

[1]) Vrgl. z. B. Statius, Silv. lib. III, carm. V, v. 85; Strabo V; Cicero, pro Sulla c. V, 17.

[2]) Bezeichnend ist in dieser Beziehung die Beurtheilung, welche das Betragen eines scrupulösen christlichen Legionssoldaten in der carthagischen Gemeinde findet. Tert. de corona mil. c. 1.

leuchtet und dem heidnischen Stadtpräfecten von Rom, Symmachus, das für jene Zeit viel bedeutsame Lob abnöthigt, ein von allen christlichen Parteien geachteter Mann zu sein [1]), so scheint auch seine Vorgänger im Amte und die ihnen unterstellte Gemeinde im Verkehr mit dem Heidenthume jene Liebe beherrscht zu haben, die nicht ungeduldig ist und nicht eifert, wodurch denn die Lage dieser Kirche so glücklich sich gestaltete, dass die Wogen der Verfolgung machtlos vor ihr zerschellten, dass in ihrem Bezirke keines Märtyrers Blut vergossen wurde, und dass Ambrosius auf sie insbesondere die Worte des Psalmisten bezieht: „Ipse super maria fundavit eam et super flumina praeparavit eam" [2]).

Es ist bekannt, dass die herrliche Naturschönheit der Landschaft, die Milde des Klimas, die ländliche Stille, in welche der Lärm der Weltstadt nicht hineinschlug, die campanische Küste schon früh zu einem Lieblingsaufenthalte der reichen Römer gemacht hatte: zu kleinen Ortschaften reihten sich ihre an Glanz und Luxus wetteifernden Villen aneinander. Es konnte so nicht ausbleiben, dass die leicht bewegliche, geschickte Bevölkerung Unteritalien's, welche den Traditionen griechischen Geisteslebens nie fremd geworden war, in reger Kunstarbeit beschäftigt wurde, von deren Leistungen die Schätze des Museo Nazionale genugsam zeugen. In diesem regen Wetteifer der Provinzialstädte behauptete aber Neapel unbestritten den Primat: seine glänzenden Bauwerke [3]), seine herrlichen Gemäldegallerieen [4]), seine Theater, seine Akademieen erwarben ihm

---

[1]) .... Severum Episcopum, omnium sectarum attestatione laudabilem, de quo plura me dicere et desperatio aequandi meriti et ipsius pudor non sinit. Vrgl. Symmachi epist. lib. VII.
[2]) In einem an den Bischof Severus gerichteten Empfehlungsschreiben. Ambrosii epist. LIX class. I edit. Maur.
[3]) Statius a. a. O. lib. III ad uxorem.
[4]) Philostrus, Imag. exord. lib. I. Selbst wenn Philostratus, was nicht unwahrscheinlich ist, ein Bild seiner Phantasie, das er aus rhetorischen Motiven schuf, uns vorführt und nicht das der wirklichen neapolitanischen Pinakothek, so weist doch immerhin der Umstand,

den ehrenvollen Beinamen „Gastgeberin der Musen" [1]). Zu der Feier der berühmten Quinquenalia kam einst der kränkelnde, dem Tode schon entgegenwelkende Augustus nach Neapel, während Claudius des befriedigenden Gefühles, seine griechischen Komödien aufgeführt zu sehen, in dieser Stadt oft froh wurde, und Nero seine mimische Virtuosität gern vor den Neapolitanern entfaltete. [2])

Die Katakomben stellen nun unzweifelhaft sicher, dass die Christen diesem vielgestalteten Kunstleben des Heidenthums nicht fern gestanden haben, dass die Künstler unter ihnen mit der heidnischen Kunst wohl vertraut waren, und dass die Majorität der Gemeinde, weit entfernt, mit der ersten Stunde ihres Katechumenats einen hermetischen Abschluss von der Sphäre, welche Mode und wirkliches Interesse ihnen vertraut und unentbehrlich gemacht hatte, gesetzt zu sehen, über eine solche Weitherzigkeit gebot, dass sie die Stätte ihrer Todtenfeier, den heiligen Versammlungsort Darstellungen öffnete, die, in gefährlicher Annäherung an die bacchischen Scenen heidnischer Sarkophage und an die berüchtigte Inschrift des phrygischen Leonidas, becherschwingende Genien, Reben, Epheu, Rosengewinde, Granatäpfel, Muscheln und alle Thiere des Bacchuskreises offen entgegentrugen. Aber wenn es immerhin auffallend erscheinen mag, dass die unverfälschte heidnische Kunst in einer christlichen Gemeinde des ersten Jahrhunderts Aufnahme und anfangs unumschränkte Geltung sich erringen konnte, so ist diese Erscheinung doch nur die ganz natürliche Folge eines, wie wir sahen, seltsam gestalteten Verkehrslebens zwischen Heidenthum und Christenthum, das gewiss nicht auf die Gemeinden von Carthago und Neapel sich beschränkte, wenn es auch

---

dass er gerade Neapel auswählte, darauf hin, dass diese Stadt für eine kunstreiche und kunstliebende galt.
[1]) Silius Italicus, Pun. XII, 31.
[2]) Suet. in Aug. c. 98; in Claud. c. 11; in Ner. c. 20; z. vrgl. auch Tacit. annal. lib. XV c. 53.

bis jetzt nur für diese mit Sicherheit nachgewiesen werden kann.

In Rom dagegen lagen die Verhältnisse anders. Bis zu der Ankunft des Apostels Paulus wurde die dortige Gemeinde durch eine streng judenchristliche Majorität beherrscht, welche den wenigen Heidenchristen jegliche Geltendmachung eines Einflusses abschnitt[1]). Das Auftreten des Apostels selbst in Rom hat entweder die schroffen Gegensätze versöhnt oder, was wahrscheinlicher ist, eine Separation des judenchristlichen Elementes zur Folge gehabt, jedenfalls aber dem Heidenchristenthum bald einen entscheidenden Einfluss gesichert. Aber natürlich konnte man sich von den Traditionen der judenchristlichen Partei, die der heidnischen Kunst feindlich gesinnt war und das Geistesleben der jungen Gemeinde so lange beherrscht hatte, nur allmählig loslösen, im dem Maasse nämlich, wie die Kirche aus der Heiden Mitte Bekenner gewann — da fiel die Gewaltthat der neronischen Verfolgung vernichtend auf das junge, aufblühende Leben der Gemeinde, und es bedurfte einer gewissen Zeit, bis sie sich aus dieser moralischen und materiellen Niederlage neu geordnet hatte. Auch musste dieser rohe Ausbruch der Volkswuth die Gemeinde wieder in ihre Abgeschlossenheit und Verborgenheit zurückscheuchen, und unter den Wirren, welche nach Nero's Tode die Hauptstadt bewegten, schien es wenig gerathen, aus diesem stillen Leben herauszutreten. So entwickelte sich unter dem Eindrucke der Abneigung gegen die mit dem Blute der Christen befleckten Glaubensgegner und zugleich der ängstlichen Furcht vor dem Wiedereintreten eines solchen Excesses eine Kunst, die mit einer gewissen Selbständigkeit und Originalität eine grosse Armuth und Dürftigkeit ver-

---

[1]) Dass der Römerbrief an eine Gemeinde mit judenchristlicher Majorität gerichtet ist, ist das übereinstimmende Urtheil der neueren Kritik. Vrgl. u. A. Hausrath, Neut. Zeitgesch. III S. 392; Hilgenfeld, Historisch-kritische Einl. in das N. T. Lpz. 1875 S. 305 ff.; Seyerlen, Entstehung und erste Schicksale der Christengemeinde in Rom, Tübingen 1874 S. 9 ff.

bunden zeigt. Erst die energische, besonnene Staatsleitung Vespasian's und seines Nachfolgers vermochte das Vertrauen der Gemeinde so weit wiederherzustellen, dass dieselbe von neuem in die Sphäre des Einflusses heidnischen Verkehrslebens und heidnischer Kunst trat, ohne jedoch ihre relativ unabhängige Stellung den neuen Einwirkungen gegenüber aufzugeben oder wesentlich zu alteriren.

Druck von G. Pätz (Otto Hanthal) in Naumburg a. S.

Verzeichniss der Tafeln.

Tafel I. Vorraum der zweiten Katakombe. Vrgl. S. 29.
„ II. Aussenansicht der dritten Kat. Vrgl. S. 47.
„ III. Gräber mit theilweise erhaltenem Verschluss in der Gallerie der ersten Kat. Vrgl. S. 53.
„ IV. Deckengemälde des Vorraums der ersten Kat. Vrgl. S. 11 f.
„ V. Deckengemälde des Vorraums der zweiten Kat. Vrgl. S. 30 f.
„ VI und VII. Details aus demselben: Adam und Eva, Fragment einer männlichen Figur, die thurmbauenden Jungfrauen. Vrgl. S. 32 ff.
„ VIII. Grundriss der ersten Kat. Vrgl. S. 11 ff.
„ IX. Grundriss der zweiten Kat. Vrgl. S. 29 ff.
„ X. Grundriss der dritten und der vierten Kat. Vrgl. S. 47 f.

Vorraum der zweiten Katakombe

Tafel II.

Aussenansicht der dritten Katakombe.

Tafel III.

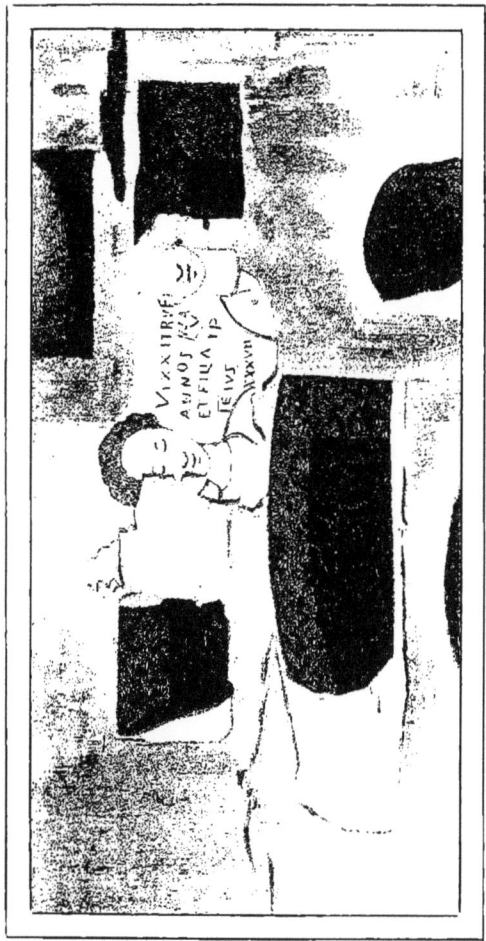

Gräber mit theilweise erhaltenem Verschluss.
(Rechte Seitenwand der ersten Gallerie)

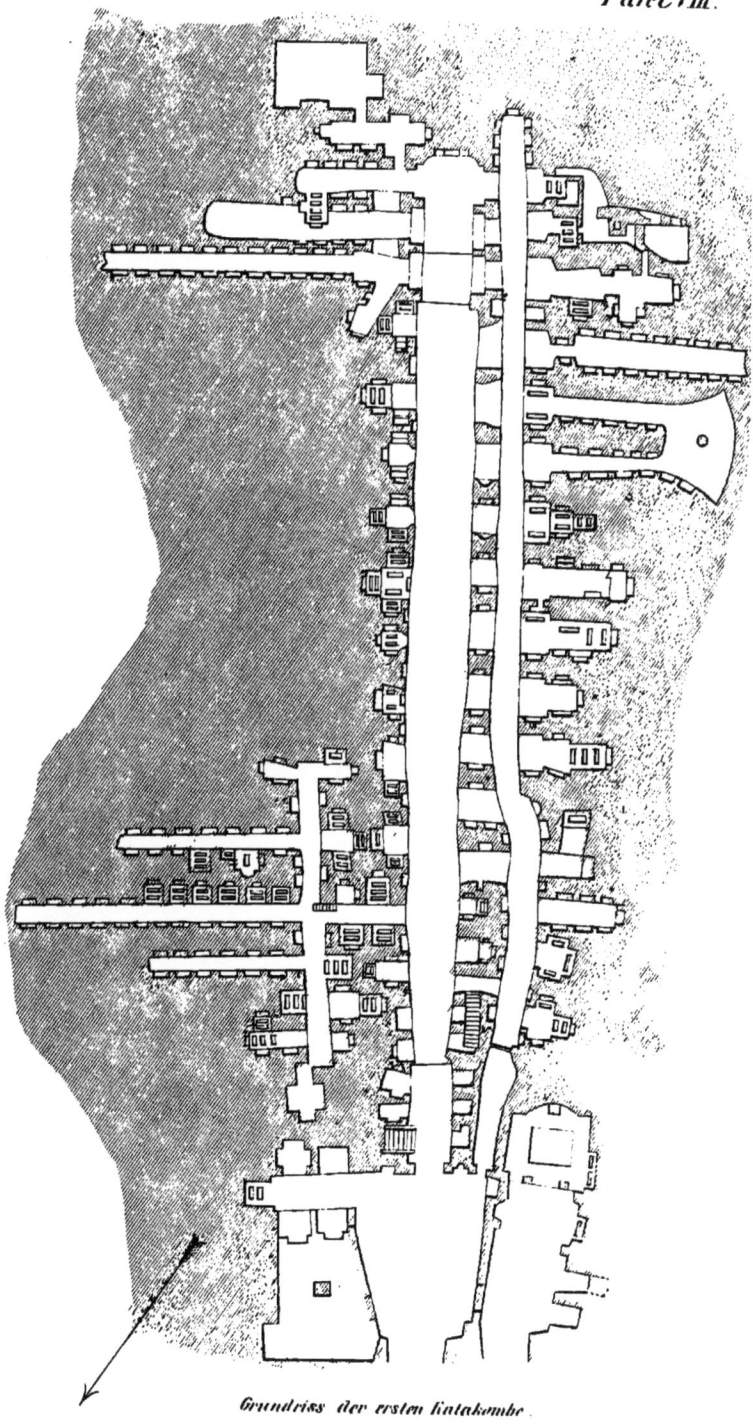

Grundriss der ersten Katakombe.

Tafel VIII.

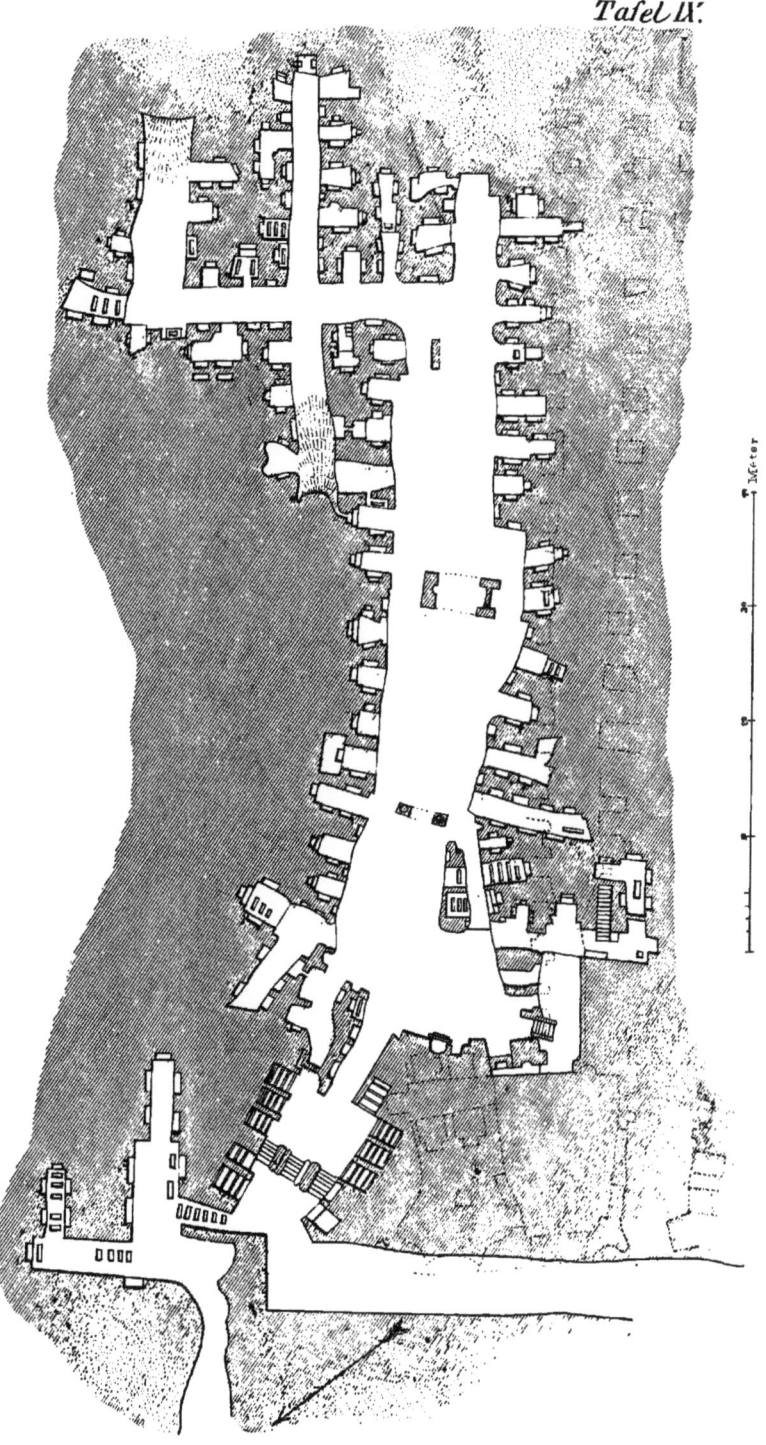

Tafel IX.

Grundriss der zweiten Katakombe

Tafel X.

Grundriss der dritten und der vierten Katakombe.